职业学校汽车类专业规划教材

图文视听
立体化教材

纯电动汽车
一体化教学作业指导书

工学一体
学中做·做中学

主　审：薛荣生
主　编：唐　芳
副主编：石浩然　白云生
参　编：张道霖　郭宗泽　周　涛
　　　　黄　麒　刘吉海　邓维敏
　　　　郭景福　胡　耀　卢　逸

西南大学出版社
国家一级出版社 全国百佳图书出版单位

图书在版编目(CIP)数据

纯电动汽车一体化教学作业指导书/唐芳主编. --重庆：西南大学出版社, 2024.1
ISBN 978-7-5697-1427-2

Ⅰ.①纯… Ⅱ.①唐… Ⅲ.①电动汽车－职业教育－教学参考资料 Ⅳ.①U469.72

中国版本图书馆CIP数据核字(2022)第188918号

纯电动汽车一体化教学作业指导书
CHUN DIANDONG QICHE YITIHUA JIAOXUE ZUOYE ZHIDAOSHU

唐　芳　主　编

责任编辑：路兰香
责任校对：翟腾飞
装帧设计：☉起源
排　　版：王　兴
出版发行：西南大学出版社
　　　　　重庆·北碚　邮编：400715
印　　刷：重庆升光电力印务有限公司
幅面尺寸：185 mm×260 mm
印　　张：8.75
字　　数：175千字
版　　次：2024年1月　第1版
印　　次：2024年1月　第1次印刷
书　　号：ISBN 978-7-5697-1427-2
定　　价：29.80元

本书如有印装质量问题，请与我社市场营销部联系更换。
市场营销部电话：(023)68868624　68367498

编委会

主　任：孙玉伟

副主任：周晓健

编　委：冯加明　张　郑　杨朝彬

　　　　王　建　王雅妍　唐坤鹏

序 言

随着我国经济发展和产业结构的调整,职业教育越来越凸显出其重要性。2022年新修订的《中华人民共和国职业教育法》明确指出"职业教育是与普通教育具有同等重要地位的教育类型"。为深入贯彻职业教育法精神,全面落实《人力资源社会保障部 国家发展改革委 财政部关于深化技工院校改革 大力发展技工教育的意见》和《技工教育"十四五"规划》要求,按照人力资源社会保障部《推进技工院校工学一体化技能人才培养模式实施方案》工作安排,重庆市人力资源和社会保障局、重庆市财政局印发《重庆市技工院校推行工学一体化技能人才培养模式实施方案》,对重庆市技工院校"工学一体化"课程改革、教材建设、师资队伍建设等提供政策支持和方向引领。

近年来汽车产业发展迅速,尤其是现代汽车新技术、新工艺、新能源的广泛应用,对汽车制造和后市场服务人才的要求越来越高。从职业学校汽车专业人才培养过程来看,作为教学基础要素的教材内容、教学方法、课程体系设置等存在不能满足现代汽车产业岗位职业能力和素质培养需求的问题。

为更好满足职业学校汽车类专业教学需求,体现职业教育特色,促使汽车类专业学生学习知识、提升技能、涵养素质,重庆五一职业技术学院组织汽车专业一线教师和行业专家按照"项目引领,任务驱动"的理念编写了这套职业学校汽车类专业教材。本套教材共3个品种,分别为《汽车底盘一体化教学作业指导书》《汽车发动机一体化教学作业指导书》《纯电动汽车一体化教学作业指导书》。《汽车底盘一体化教学作业指导书》精选了汽车底盘维修工作岗位中最为常见和通用的4个项目12个任务,如汽车传动系统的拆检、汽车行驶系统的拆检、汽车转向与操作系统的维修、汽车制动系统的拆检等;《汽车发动机一体化教学作业指导书》精选了发动机教学中6个项目的29个典型任务,如发动机机械部分的检修、发动机传感器的检修、发动机燃油系统的检修、发动机点火系统的检修、发动机冷却系统的检修、发动机机油故障灯亮的拆检等;《纯电动汽车一体化教学作业指导书》精选了纯电动汽车教学和实践中5个项目的15个典型任务,如纯电动汽车的整体认识、动力电池的认识与维护、驱动电机及传动系统的认识与维护、电控系统的认识与维护、辅助系统的认识与维护等。

本套教材以培养满足市场需要的人才为导向,围绕企业典型工作任务,紧密结合学生的学习特点进行编写,有以下主要特色:

1.理实结合。套书按照"项目引领,任务驱动"的模式编写,将理论知识学习与工作任务完成紧密结合,将案例讲解与实践操作紧密结合,落实了"学中做,做中学"的理论与实践相结合的教学理念。

2.内容精练。基于受众是职业教育层次学生和"一体化"教学作业指导书两个因素,教材内容编写坚持"实用、够用、好用"原则,从而实现内容科学、结构严谨、容量适中、难易恰当的目标。

3.书证融通。教材内容对接世界和全国汽车技能大赛标准,体现"1+X"书证融通目标,拓展学生的视野,激发学生的学习兴趣。

4.图文结合。为更形象地呈现内容,增强内容的可读性,教材中配备了大量的精美图片,尤其在实操环节,以图片展示操作步骤,更有助于学生进行学习。

5.资源丰富。教材中配备了教学视频等资源。视频内容针对性强,学生易学易懂易吸收,有利于提升学习效果。

本套教材是在充分调研的基础上,在"双师型"教师共同参与下编写完成的,编写过程中得到了有关单位和个人的大力支持和帮助,也参考了大量资料和文献,在此一并表示衷心感谢。希望教材的出版能助推职业教育发展,为我国汽车专业人才培养发挥积极作用。针对教材中的不足之处,恳请广大读者批评指正。

目录

项目一 纯电动汽车的整体认识 1
任务　了解纯电动汽车 2

项目二 动力电池的认识与维护 13
任务一　动力电池的认识 15
任务二　动力电池的拆检 19

项目三 驱动电机及传动系统的认识与维护 23
任务一　驱动电机的认识 25
任务二　永磁同步驱动电机的结构 41
任务三　驱动电机的分解与装配 55
任务四　北汽EV160传动系统的分解 60

项目四 电控系统的认识与维护 65
任务一　整车控制系统的认识与维护 67
任务二　电池管理系统的认识与维护 76
任务三　电机控制系统的认识与维护 83
任务四　车载充电系统故障的诊断 89

项目五 辅助系统的认识与维护 93
任务一　空调系统的认识与维护 95
任务二　空调制冷系统通信故障的诊断 107
任务三　电动助力转向系统的认识与维护 111
任务四　制动系统的认识与维护 120

项目一　纯电动汽车的整体认识

【项目目标】

知识目标

1. 了解纯电动汽车的发展历程；
2. 知道纯电动汽车的定义及分类。

能力目标

1. 能正确掌握纯电动汽车的基本结构；
2. 能正确使用相关工具和做好安全防护。

素质目标

1. 增强团队合作意识；
2. 树立务实肯干、追求卓越的工匠精神。

【项目准备】

所需设备

笔记本、多媒体教学设备。

所需资料

汽车杂志、网络视频等。

任务　了解纯电动汽车

【任务描述】

　　发展纯电动汽车是我国在研究发展新能源汽车方面具有长远考虑的战略之一。纯电动汽车在发展过程中有着它独特的优势。本任务将介绍纯电动汽车的发展历程、定义、分类及特点等。

【任务目标】

　　1. 了解电动汽车的发展历程；
　　2. 知道纯电动汽车的定义；
　　3. 掌握纯电动汽车的基本结构。

【任务准备】

　　一名客户想要购买一台纯电动汽车，他来到"4S"店了解纯电动汽车相关信息，作为一名销售顾问，你应该就纯电动汽车的发展现状、国家的相关政策、纯电动汽车的结构以及特点等进行介绍。

一、电动汽车的发展历程

　　从电动机理念诞生到第一辆实用电动汽车出现，从电动汽车的第一次发展到衰退，从对全球石油和环保危机的认识到现在电动汽车的快速发展，电动汽车经历了复杂而漫长的发展历程。

1. 第一阶段：电动汽车的萌芽

　　19世纪初，英国人迈克尔·法拉第制造出了电动机模型，之后苏格兰发明家罗伯特·安德森成功地将电动机装在一部马车上，改造出了世界上第一辆靠电力驱动的车辆。在1842年，罗伯特·安德森与托马斯·戴文波特合作，打造出世界上第一辆以不可充电的玻璃封装电池为动力的电动汽车（使用最原始的电池技术和电机驱动的汽车），开创了电动汽车发展和应用的历史。

2. 第二阶段：电动汽车的发展

　　1881年，法国发明家古斯塔夫·特鲁夫在巴黎展出了世界首台由铅酸电池供电的电动三轮车，加上乘员后该三轮车总重量达到了160 kg，时速达到了12 km。1882年，英国的威廉姆·爱德华·阿顿和约翰·培理也制成了一辆电动三轮车，车上还配备了照明灯。这辆车的总重量提高到了 168 kg,时速提高到了 14.5 km。

随后 1890 年,威廉姆·莫瑞逊在美国制造了一辆能行驶 13 小时、时速为 22 km 的电动汽车。1891 年,美国人亨利·莫瑞斯制成了世界上第一辆电动四轮车,实现了从三轮向四轮的转变,这是电动车向实用化方向迈出的重要一步。

1895 年,由亨利·莫瑞斯和皮德罗·沙龙制造的 Electrobat Ⅱ 上安装了两台驱动电机,该车能以时速 32 km 行驶 40 km。

1899 年,一个名叫卡米勒·杰纳茨的比利时人驾驶一辆以 44 kW 双电动机为动力源的后轮驱动的子弹头型电动汽车,创造了时速 110 km 的记录,并且续驶里程达到了约 290 km。这也是世界上第一辆时速超过 100 km 的汽车。

1900 年,法国的 BGS 公司生产的电动汽车创造了单次充电后行驶约 290 km 的最长里程纪录。

3. 第三阶段:电动汽车的繁荣

19 世纪末到 1920 年是电动车发展的一个高峰期。

统计数据显示,在 1890 年,全世界 4200 辆汽车中有 38% 是电动汽车,40% 是蒸汽机汽车,22% 是内燃机汽车。到了 1900 年,美国制造的汽油机汽车只有 5%,蒸汽机汽车有 10%,而电动汽车高达 85%。美国首先实现了早期电动汽车的商业运营,成为电动汽车发展最快、应用最广的国家。

4. 第四阶段:电动汽车的衰落

1886 年,在美国得克萨斯州发现了石油,使得汽油价格下跌,大大降低了汽油车的使用成本,电动汽车的发展受到汽油车的严重冲击。

1913 年,福特公司建立了内燃机汽车装配流水线,使装配速度几乎提高了 8 倍,最终每个工作日每隔 10 秒钟就有一台 T 型车驶下生产线。内燃机汽车进入了标准化、大批量生产阶段。福特以大批量流水线生产方式生产汽油车使得汽油车价格更加低廉,价格从 1909 年的 850 美元降到了 1925 年的 260 美元。内燃机汽车应用方便、价格低廉的优点逐步显现。

5. 第五阶段:电动汽车的复苏

第二次世界大战导致欧洲和日本的石油供给紧张,电动汽车的使用在部分地区出现了复苏迹象。1943 年,仅仅在日本就有 3000 多辆电动汽车处于注册状态。

20 世纪 60 年代,内燃机汽车的大批量使用导致了严重的空气污染,同时,内燃机汽车对石油的过分依赖导致了一系列的政治问题和国家安全问题。20 世纪 70 年代初,世界石油危机对美国乃至世界经济产生了重大影响,而电动汽车由于其良好的环保性能和能摆脱对石油的依赖,重新得到人们的重视。

二、纯电动汽车的认识

1.纯电动汽车的定义

纯电动汽车是指以车载电池为动力源,用电动机驱动车轮行驶,符合道路交通安全法规和国家标准各项要求的乘用车辆。它以动力电池作为储能动力源,通过动力电池向电动机提供电能,驱动电动机运转,从而推动汽车前进。

2.纯电动汽车的分类

纯电动汽车发展至今,种类较多,通常按车辆用途、车载电源数以及驱动系统布置形式进行分类。

(1)按车辆用途分类。

纯电动汽车按车辆用途可以分为纯电动轿车、纯电动货车和纯电动客车三种。

目前,纯电动轿车是最常见的一种,已经批量生产,并已大量进入汽车市场。纯电动货车用作公路运输的比较少,但在矿山、建筑工地及一些特殊场地,则早已出现了一些大吨位的纯电动载货汽车。纯电动客车用作公共运输,在一些城市的公交线路以及大型运动会上已经有了良好的表现。

(2)按车载电源数分类。

纯电动汽车按车载电源数不同可分为单电源电动汽车和蓄电池加辅助蓄能装置的多电源电动汽车两种。

单电源电动汽车上的主电源就是蓄电池,有铅酸电池、镍氢电池、锂离子电池等多种。这种纯电动汽车的结构较为简单,控制系统也比较简便,主要缺点是主电源的瞬时输出功率容易受其本身性能的影响,同时制动能量的回馈效率也会受制于蓄电池的最大可接受电流及荷电状态。

多电源电动汽车采用蓄电池加超级电容或蓄电池加飞轮电池的组合电源,可以降低对蓄电池容量、比能量、比功率等的要求。在汽车起步、加速、爬坡等工况下,辅助蓄能装置(超级电容、飞轮电池)可短时间内输出大功率,协助蓄电池供电,使电动汽车的动力性大大提高;在汽车制动时,辅助蓄能装置可接受大电流充电,提高制动能量的回馈效率。

（3）按驱动系统布置形式分类。

电动汽车驱动系统布置形式是指驱动轮数量、位置以及驱动电机布置的形式。电动汽车驱动系统是电动汽车的核心部分,其性能决定着电动汽车行驶性能的好坏。

电动汽车驱动系统的布置形式由电机驱动方式决定。电动汽车的电机驱动方式主要有后轮驱动、前轮驱动和四轮驱动。这里主要介绍后轮驱动方式。

后轮驱动是一种传统驱动方式,适合中高级电动轿车和各种类型的电动客货运输车,有车轴负荷分配均匀、操纵稳定性好、行驶平顺性好等优点。

后轮驱动方式主要有传统后驱动布置形式、电机-驱动桥组合后驱动布置形式、电机-变速器一体化后驱动布置形式、轮边电机后驱动布置形式、轮毂电机后驱动布置形式等。

①传统后驱动布置形式。

传统后驱动布置形式如图1-1-1所示,它与传统内燃机汽车后轮驱动系统的布置方式基本一致,有离合器、变速器和传动轴,驱动桥与内燃机汽车驱动桥一样,只是将发动机换成驱动电机。变速器通常有2~3个挡位,可以提高电动汽车的启动转矩,增加电动汽车在低速时的后备功率。这种布置形式一般用于改造型电动汽车。

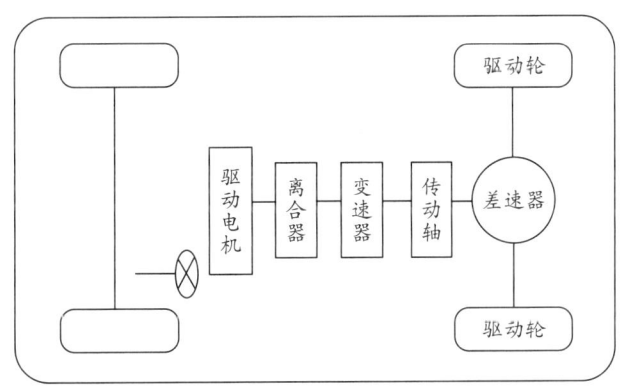

图1-1-1 传统后驱动布置形式

②电机-驱动桥组合后驱动布置形式。

电机-驱动桥组合后驱动布置形式如图1-1-2所示,它取消了离合器、变速器和传动轴,但具有减速和差速机构,把驱动电机、固定速比的减速器和差速器集成一个整体,通过两个半轴来驱动车轮。

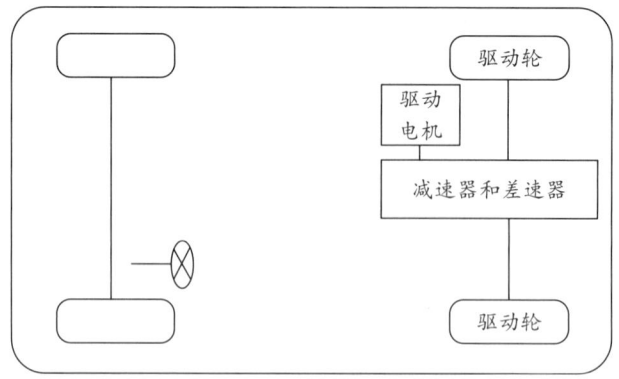

图 1-1-2 电机-驱动桥组合后驱动布置形式

此种布置形式的传动长度整体比较短,传动装置体积小,占用空间小,容易布置,可以有效降低整车的质量;但对电机的要求较高,不仅要求电机具有较高的启动转矩,而且要求具有较大的后备功率,以保证电动汽车的启动、爬坡、加速超车等动力性。一般低速电动汽车采用这种布置形式。电机-驱动桥组合后驱动布置形式采用的驱动桥与内燃机汽车驱动桥不同,是电动汽车专用后驱动桥。

③电机-变速器一体化后驱动布置形式。

电机-变速器一体化后驱动布置形式如图1-1-3所示,相比单一的电机驱动系统,一体化驱动系统可以综合协调控制电机和变速器,最大限度地改善电机的输出动力特性,增大电机的转矩输出范围,在提升电动汽车的动力性的同时,使电机最大限度地高效工作。该布置形式的变速器一般采用两挡自动变速器。

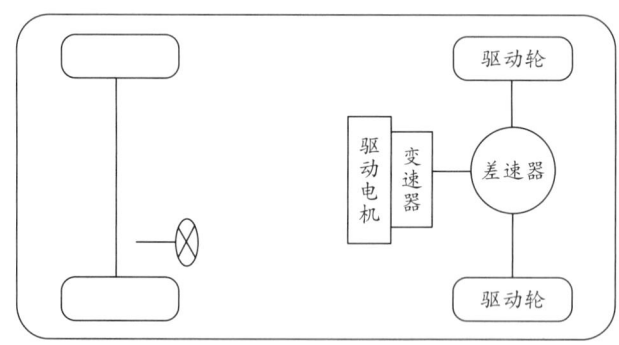

图 1-1-3 电机-变速器一体化后驱动布置形式

④轮边电机后驱动布置形式。

轮边电机后驱动布置形式如图1-1-4所示,轮边电机与减速器集成后融合在驱动桥上,通过刚性连接减少高压电器数量和动力传输线路长度,经过这样优化的驱动系统有利于降低车身高度、提高承载量、增加有效空间。轮边电机后驱动布置形式可用于电动客车。

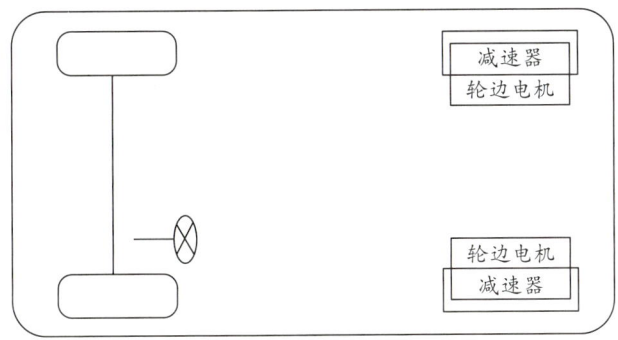

图 1-1-4　轮边电机后驱动布置形式

⑤轮毂电机后驱动布置形式。

轮毂电机后驱动布置形式如图 1-1-5 所示,轮毂电机直接安装在车轮上,轮毂是电机的转子,羊角轴承座是定子。

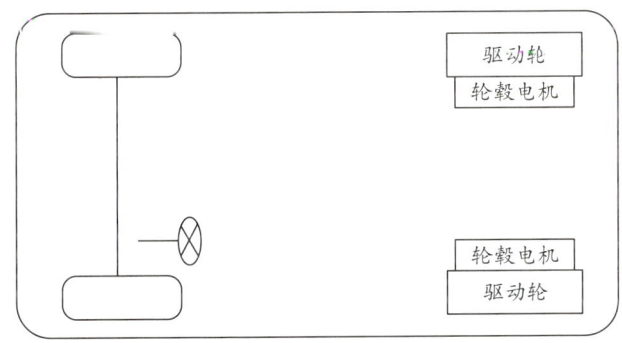

图 1-1-5　轮毂电机后驱动布置形式

轮毂电机后驱动纯电动汽车能大大减少零部件数量和动力系统体积,让车辆的动力系统变得更加简单,有效提高车内空间的实用性和利用率。每个车轮独立的轮毂电机驱动电动汽车相比一般电动汽车,省掉了传动半轴和差速器等装置,同样节省了大量空间,且传动效率更高。

另外,使用轮毂电机驱动的车辆体积相对较小,有助于改善城市中的交通拥堵和停车难等情况。同时,独立的轮毂电机在驱动车辆方面灵活性更强,能够实现传统车辆难以实现的驾驶特性。

在原理上,轮边电机和轮毂电机可以实现任何一种驱动形式,但由于整车制造成本太高,目前还没有厂家推出量产车,更多的是作为试验车或改装车存在。

3.纯电动汽车的结构

纯电动汽车是纯粹靠电能驱动的车辆,可以通过专用充电桩或者特定的一些充电设备进行充电,以此来满足日常的行驶需求。

传统的燃油汽车由电气设备、发动机、底盘、车身四部分组成,纯电动汽车主要由电力驱动控制系统、底盘、车身及辅助装置等组成。与传统汽车的驱动系统相比,纯电动汽车的驱动系统要简单得多,总体上由电机和动力蓄电池两大部件构成。纯电动汽车的结构如图1-1-6所示。

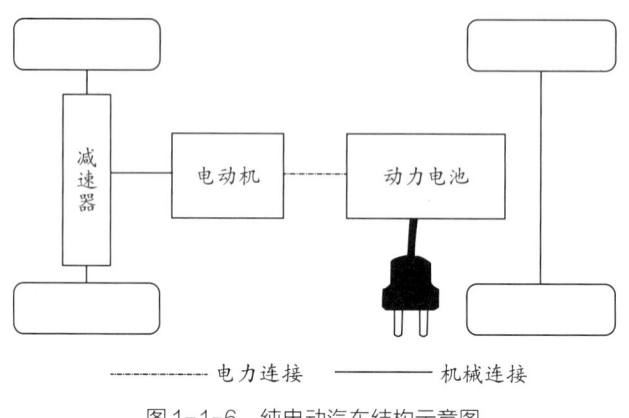

图1-1-6　纯电动汽车结构示意图

与传统燃油汽车相比,纯电动汽车用驱动电机替代了发动机,电力驱动控制系统决定了整个纯电动汽车的结构组成及性能特征,是纯电动汽车的核心,也是纯电动汽车与燃油汽车的最大区别。

电力驱动控制系统可分为驱动电机系统、车载能源系统及辅助控制系统三大部分。

(1)驱动电机系统。

驱动电机系统(也称电力驱动系统,简称驱动系统)主要由电子控制器(包括中央控制单元、驱动控制器)、功率转换器、电机、机械传动装置等组成。它的作用是将存储在动力蓄电池中的电能高效地转化为车轮的动能进而驱动汽车行驶,并且能够在汽车减速制动或者下坡的时候,将车轮的动能转化为电能充入蓄电池,实现再生能源回收。

①电子控制器。

电子控制器的作用是根据接收的加速踏板位置信号、制动踏板位置信号、挡位信号及其他相关信号,综合判断驾驶人意图和整车工况,发出控制指令给功率转换器,通过功率转换器控制电机的电压或者电流,完成电机的驱动转矩和旋转方向的控制,从而让纯电动汽车完成起步、加速和制动等动作。其中，中央控制单元是驱动电机系统的控制中心，主要对整车的控制起协调作用。

②功率转换器。

功率转换器(图1-1-7)的作用是按电子控制器的指令及电机的速度、电路的反馈信号，将动力蓄电池的直流电转换为频率和电压均可调的交流电，从而实现电机的转速、转矩和旋转方向的控制。当汽车减速制动或者下坡时，功率转换器将车轮驱动电机产生的电能储存在蓄电池中。

③电机。

图1-1-7　功率转换器

电机在纯电动汽车中具有提供动力和发电的双重功能。在汽车正常行驶时，它将电能转化为机械能，通过传动装置驱动或者直接驱动车轮；在汽车减速制动或者下坡时，它的功能相当于发电机，进行能量回收，将机械能转化为电能。

实践中，必须根据汽车行驶特性及负载特性选择电机。汽车在启动或者爬坡的时候需要较大的启动转矩和短时过载能力，并有较宽的调速范围和优良的调速特性，即在低转速时为恒转矩、高转速时为恒功率，这些是选择电机的重要参数。

④机械传动装置。

机械传动装置的作用是将电机的驱动转矩传递给驱动轴，从而带动车轮运转。因为电机可以带负载启动，本身就有优良的调速性能，并且电机的转向可以通过电路控制实现变换，所以纯电动汽车上没有传统燃油汽车的离合器，它的变速结构被大大简化。

（2）车载能源系统。

车载能源系统主要由蓄电池、能量管理系统和充电控制器等组成，它的作用是向电机提供驱动电能、检测电源使用情况以及控制充电机向蓄电池充电。

①蓄电池。

蓄电池是纯电动汽车上的主要能源，提供车辆行驶所需的电能和辅助电器所需的能量。蓄电池应具有高比能量和高比功率等性能，以满足汽车的动力性和续驶里程的要求。在把蓄电池安装到车上时，需要通过串联或者并联的方式组成所需的电压。另外，由于各种蓄电池在电解液浓度和特性方面存在一定的差异，所以要求对性能相近的蓄电池进行配组，这样有利于延长其使用寿命。实现蓄电池续驶里程长等是纯电动汽车在未来发展过程中需要重点攻克的技术问题。

②能量管理系统。

能量管理系统的主要作用是实现能源的分配,协调各部件的能量供给,进而提高能量利用率。它需要与充电器共同控制充电情况,并且实时监控蓄电池的状态,对蓄电池的各个性能参数进行检测。

③充电控制器。

充电控制器的作用是将交流电整流为蓄电池需要的直流电,即把电网供电制式转化为蓄电池充电要求的制式。目前,普遍采用三段式充电控制器,具体充电过程是:第一阶段为涓流充电阶段,第二阶段为恒流充电阶段,第三阶段为恒压充电阶段。

(3)辅助控制系统。

辅助控制系统中的辅助装置除辅助动力源外,其他的则依据车型不同而不同,但是辅助控制系统的作用与传统内燃机汽车的基本相似。

4.纯电动汽车的特点

纯电动汽车是目前市场上销量最多的新能源汽车,具有结构简单、周期性维护费用比燃油汽车低、噪声相对小等特点。

(1)纯电动汽车的优点。

①污染小,噪声小。

燃油汽车的尾气中含有碳氧化合物、氮氧化合物、碳氢化合物及其他固体悬浮颗粒等有害物,是造成温室效应等环境问题的原因之一。纯电动汽车无内燃机,工作时不产生排气污染,对环境保护是十分有益的。同时,纯电动汽车的电机产生的噪声与内燃机相比也小,几乎达到"零排放、零污染"的程度。

②结构简单,维修方便。

与燃油汽车相比,纯电动汽车结构简单,运转及传动部件少,动力蓄电池比传统内燃机结构更简洁,维修保养更方便。

③能量转换效率高。

电机驱动是纯电动汽车的一大特征。电机可以在电动机和发电机两种状态下切换,所以纯电动汽车的电机除了驱使车辆行驶以外,还可以回收汽车制动、下坡时候的能量,提高能量的利用率。特别是在城市里行驶,纯电动汽车尽管随时停车、随时启动,行驶速度不高,但只消耗较少的电能。

④错峰充电,节约能源。

由于纯电动汽车是利用电网来充电,电网的一个特点是存在"峰谷电",纯电动汽车可以避开白天的用电高峰期,在夜间利用"谷电"进行充电,有利于减轻电网的负荷。

另外，给纯电动汽车蓄电池充电的电力可以由煤炭、水力、风力、核能、潮汐、天然气、太阳能等能源转化而来，有利于减少对石油资源的消耗。

（2）纯电动汽车的缺点。

一方面，纯电动汽车目前的续驶里程普遍不高，续驶里程普遍为100~400 km，考虑到能量转化以及天气情况，其实际续驶里程会更低；另一方面，纯电动汽车的充电设施建设相对滞后，尤其在长途行驶时，充电难问题普遍存在。

【任务实施】

根据所学知识及参考图片完成以下问题：

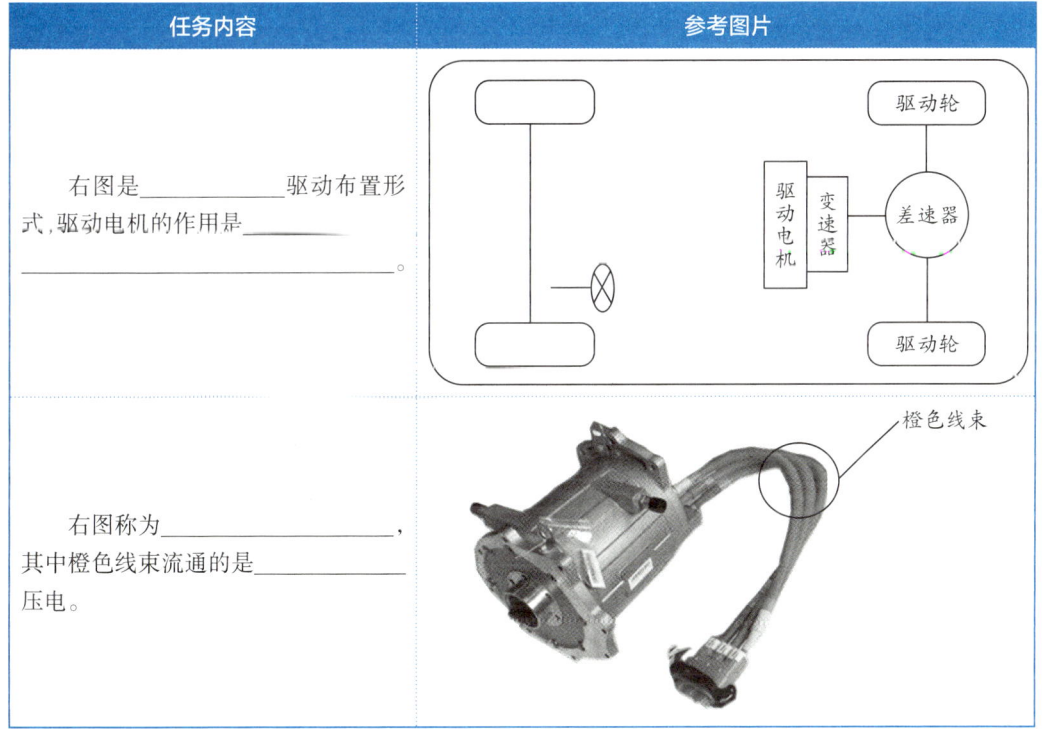

任务内容	参考图片
右图是＿＿＿＿＿驱动布置形式，驱动电机的作用是＿＿＿＿＿＿＿＿＿＿＿＿＿＿＿＿＿＿＿。	
右图称为＿＿＿＿＿＿＿，其中橙色线束流通的是＿＿＿＿＿压电。	

【任务检测】

一、填空题

1.世界上第一辆以电池为动力源的电动汽车是由＿＿＿＿＿和＿＿＿＿＿打造的。

2.纯电动汽车是指以＿＿＿＿＿为动力源，用＿＿＿＿＿驱动车轮行驶，符合道路交通安全法规和国家标准各项要求的乘用车辆。

3.轮边电机后驱动布置形式可用于＿＿＿＿＿。

4.传统的燃油汽车是由电气设备、_____、底盘、车身四部分组成；纯电动汽车主要由_____、底盘、车身及辅助装置等组成。

5.电机在纯电动汽车中具有_____和_____的双重功能。

二、简答题

简述纯电动汽车的优点。

_____

_____

_____

_____

_____

【学习评价】

学习评价表

评价项目	评价标准	学生自评 （优、良、中、差）	小组互评 （点赞数）	老师评估 （是否达成目标）
知识评价	1.了解电动汽车的发展历程 2.熟悉纯电动汽车的分类			
能力评价	1.能通过查询设备维修手册和互联网等获得纯电动汽车的相关资料 2.能正确掌握纯电动汽车的基本结构			
素质评价	1.自主进行"8S"管理 2.具有团队协作精神 3.学习态度认真			
学习体会				

项目二　动力电池的认识与维护

【项目目标】

知识目标
1. 掌握纯电动汽车动力电池相关知识；
2. 知道纯电动汽车动力电池的拆装和检测步骤。

能力目标
1. 能正确拆装和检测纯电动汽车动力电池；
2. 能正确使用相关工具和做好安全防护。

素质目标
1. 增强团队合作意识；
2. 树立务实肯干、追求卓越的工匠精神。

【项目准备】

所需工量具
1. 绝缘手柄拆装工具，包括力矩扳手、快速扳手、螺丝刀等；
2. 防护用品，包括绝缘手套、绝缘鞋、护目镜、绝缘胶带等；
3. 诊断检测仪器，包括兆欧表、万用表、钳形电流表等。

所需设备
车辆举升机、电池举升机、动力电池充电机。

所需资料
北汽EV180纯电动汽车维修手册。

【工作流程】

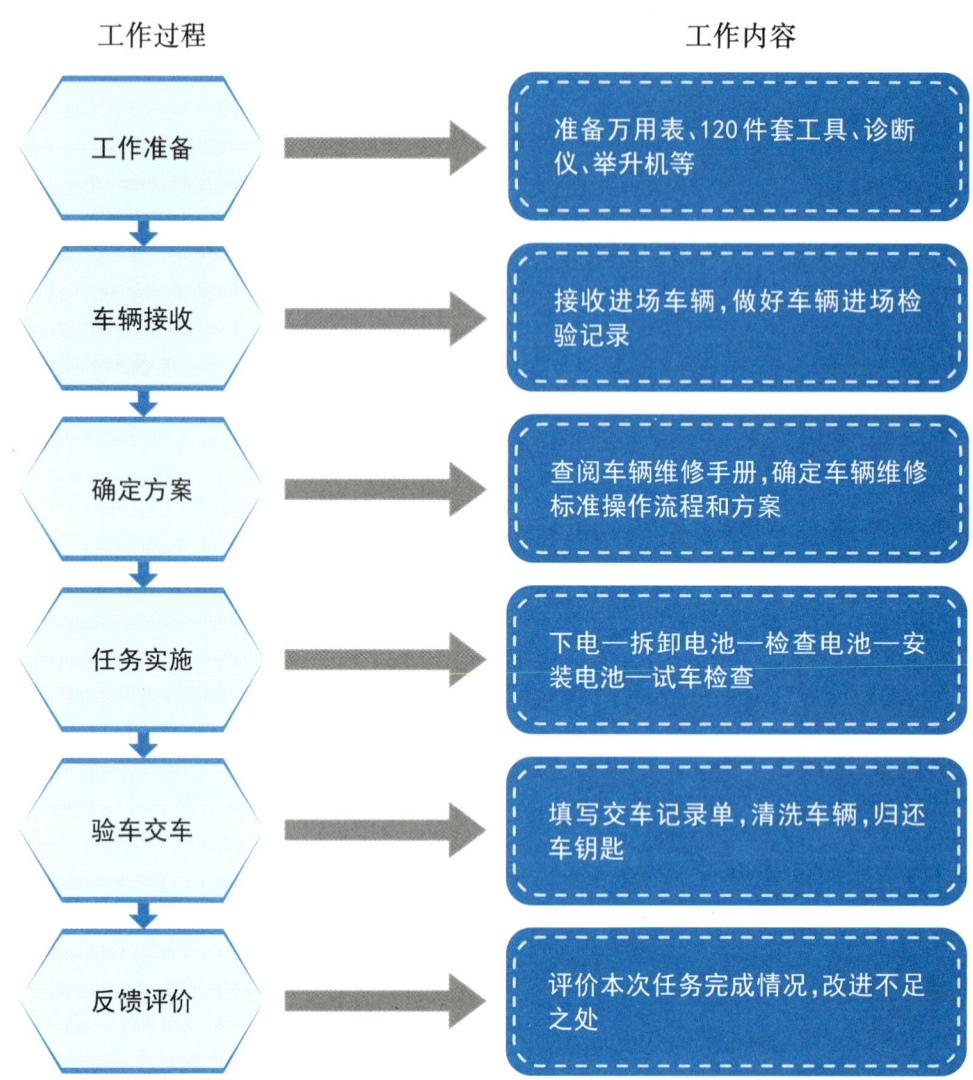

任务一　动力电池的认识

教学视频

【任务描述】

纯电动汽车的动力核心就是动力电池,正确认识和熟悉动力电池的特性是维修技术人员必须拥有的基本能力。

【任务目标】

熟悉动力电池的作用、种类、性能参数等。

【任务准备】

一、动力电池的定义

动力电池、电机和电控系统是纯电动汽车的三大关键组成部分。动力电池是纯电动汽车的动力源,是能量的储存装置,其性能的好坏直接关系到纯电动汽车的动力性能、续驶能力以及安全性能。国家标准《电动汽车术语》(GB/T 19596—2017)中关于动力蓄电池的定义是:为电动汽车动力系统提供能量的蓄电池。

二、动力电池的种类

纯电动汽车的动力电池大致分为铅酸电池、镍氢电池、锰酸锂电池、磷酸铁锂电池和三元锂电池等几大门类。

1.铅酸电池

由于该电池能量密度很低、使用寿命很短,所以以此作为动力的电动汽车无法拥有较高的车速和较长的续驶里程。该电池一般用于低速电动车。

2.镍氢电池

镍氢电池虽然性能优于铅酸电池,但是其因含有重金属,遗弃后会对环境造成污染。该电池多用于混合动力车。

3.锰酸锂电池

该电池的正极为锰酸锂,多和其他材料混合使用,以降低电芯成本。该电池容易发生鼓胀,高温性能较差,寿命相对较短。作为动力电池,单体的标称电压为3.7 V左右。

4.磷酸铁锂电池

磷酸铁锂电池是指用磷酸铁锂作为正极材料,石墨作为负极,电解质以六氟磷酸锂为主的电池。磷酸铁锂电池温度在500~600 ℃时,其内部化学成分才开始分解,并且在穿刺、短路、高温等情况下都不会燃烧或者爆炸,使用寿命也较长。但以此为动力电池的车辆续驶里程一般,当温度低于-5 ℃时,充电效率低,在北方的冬天充电易受条件限制。

5.三元锂电池

三元锂电池是指正极材料以镍盐、钴盐、锰盐/铝酸锂三种元素,负极材料以石墨,电解质以六氟磷酸锂为主的电池。三元锂电池能量密度很高,但高温性能相对较差,对续驶里程有高要求的纯电动汽车,选择该电池是主流方向,且适合北方冬天天气,低温时电池更加稳定。

目前,纯电动汽车的主流电池有磷酸铁锂电池和三元锂电池两大类。

三、动力电池系统的组成

以北汽2015款EV180纯电动汽车为例,该车使用的是三元锂电池,安装在整车的下部,其动力电池系统包括动力电池箱、动力电池组、电池管理系统、辅助元器件等。

【任务实施】

根据所学知识及参考图片完成以下问题:

任务内容	参考图片
(1)北汽EV180纯电动汽车动力电池外部有两个线束接口,一个是橙色椭圆形的长接口,一个是黑色圆形的短接口。 (2)橙色接口为动力母线接口,其作用是_____。 (3)黑色接口为动力电池通信接口,其作用是_____。	橙色接口　　黑色接口

续表

任务内容	参考图片
电池类型	
产品型号	锂离子动力电池系统 Li-ion Power Battery System
标称电压	产品型号 PBM113203-A01　标称电压 113.1V
产品能量	产品能量 20.3kWh　产品质量 198kg
产品质量	生产编号 Production code　FIB0240 0611

(1)动力电池箱的作用是_____。

(2)电池箱一般采用玻璃和铸铁2种材料，上箱体的材质是_____，下箱体的材质是_____。

(3)北汽EV180采用的三元锂电池由_____个电池模组串联组成，每个模组由_____个电池模块串联而成。

(4)电池管理系统简称_____。

(5)电池管理系统的作用是_____。

【知识链接】

动力电池的主要性能参数：

动力电池系统额定电压=单体电芯额定电压×单体电芯串联数。

动力电池系统容量=单体电芯容量×单体电芯并联数。

动力电池系统总能量=动力电池系统额定电压×动力电池系统容量。

动力电池系统质量比能量=动力电池系统总能量÷动力电池系统质量。

【任务检测】

一、填空题

1.纯电动汽车的三大关键部件是_____、_____和_____。

2.动力电池的定义是_____。

3.动力电池的性能指标有_____、_____、_____、_____等。

4.北汽EV180动力电池电芯容量为_____。

5.动力电池系统的组成包括_____、_____、_____、_____。

二、简答题

动力锂电池成本高昂，应如何降低成本？请查阅资料写出你的看法。

_____

_____

_____

_____

【学习评价】

学习评价表

评价项目	评价标准	学生自评 （优、良、中、差）	小组互评 （点赞数）	老师评估 （是否达成目标）
知识评价	1.正确完成"任务检测"中动力电池基础知识的填空 2.熟悉纯电动汽车动力电池的种类和重要指标			
能力评价	1.能正确使用高压操作安全防护用品 2.能根据动力电池的类型对其进行拆检			
素质评价	1.自主进行"8S"管理 2.具有团队协作精神 3.学习态度认真			
学习体会				

任务二　动力电池的拆检

教学视频

【任务描述】

纯电动汽车动力电池在损坏或行驶里程、行驶时间达到规定极限值后,应进行检查和更换。掌握动力电池的拆检方法是新能源汽车维修技术人员必备的基本能力。

【任务目标】

1. 按照相关标准正确拆卸动力电池;
2. 按照相关标准正确检查动力电池。

【任务准备】

根据技术规范,准备以下物品及设备:

本任务需要使用的劳保用品:	绝缘手套、绝缘鞋、绝缘服、安全帽、护目镜
本任务需要使用的工具设备:	高压维修拆装工具、高压维修检测工具、液压升降台
本任务需要使用的辅料、耗材:	绝缘胶布

【任务实施】

根据技术规范等完善以下操作步骤:

任务内容	参考图片
断开动力电池负极: (1)关闭点火开关; (2)拆下动力电池负极并使用绝缘胶布将其包裹严实,断开整车低压控制电源; (3)举升车辆。	

续表

任务内容	参考图片
下电操作： （1）穿戴安全防护套装； （2）断开动力电池的_____； （3）依次拆下动力电池总正、总负和电压线束插头。	
安装液压升降台： 　　将液压升降台推到动力电池_____位置，升起液压升降台，使台面中心与动力电池底部重心位置完全接触。	
拆下动力电池总成： （1）拆下动力电池总成固定螺栓，缓慢降低电池举升车，降到合适的高度后将电池举升车及电池一并推出。 （2）安装按相反顺序进行，安装时螺栓的规格：_____； 螺栓的拧紧力矩：_____； 使用的工具：_____。	

续表

任务内容	参考图片
动力电池外观检查： (1)检查上盖：_____； (2)检查下托盘压条螺栓：无松动；托盘边缘及底部：无变形； (3)检查动力电池标识：清晰、无破损； (4)检查采样线接口：无异物、无破损。	
动力电池外部绝缘性能检查： 为避免动力电池漏电，防止线路短路，用数字绝缘表的DC1000V挡分别检测总正、总负搭铁电阻值。若不合格应修复或更换。	
动力电池高压线检查：无松动、无破损、无腐蚀。	—
动力电池低压线检查：无松动、无破损、无腐蚀。	—

【任务检测】

1.操作要求：在老师的指导下，合理使用安全绝缘用具，严格按老师的示范动作安全、正确地完成动力电池的拆检，同时防止造成动力电池总成及车辆的损坏。

2.操作时间：60分钟。

3.操作步骤记录：_____

_____

_____

_____

_____

4.检测数据收集：

（1）整体电压检测：用_____检测动力电池电压，电压值应在_____V左右。

（2）如果动力电池电压值超出标准范围，则拆下每个模组正极和负极盖板，用万用表检测模组电压，电压为_____V。

（3）如果某个模块电压值不正常，则拆下模块的盖板，用万用表检测该模块电压，电压为_____V。

【学习评价】

学习评价表

评价项目	评价标准	学生自评 （优、良、中、差）	小组互评 （点赞数）	老师评估 （是否达成目标）
知识评价	熟悉动力电池检测方法和标准			
能力评价	1.能正确使用仪表检测动力电池各项参数 2.能分析动力电池各项参数并以此评价动力电池的性能状态			
素质评价	1.自主进行"8S"管理 2.具有团队协作精神 3.学习态度认真			
学习体会				

项目三　驱动电机及传动系统的认识与维护

【项目目标】

知识目标

1. 了解汽车驱动电机系统的概况；
2. 知道主流驱动电机系统的布置类型；
3. 了解驱动电机的主要类型及应用；
4. 了解永磁同步驱动电机的结构及工作原理。

能力目标

1. 能按照维修手册正确分解及装配驱动电机；
2. 能按照维修手册正确拆卸和维护减速器。

素质目标

1. 培养善于动手、勤于动脑的良好学习习惯；
2. 培养主动学习、乐于探索的精神；
3. 培养良好的职业习惯和职业素养。

【项目准备】

所需工量具

1. 绝缘手柄拆装工具，包括力矩扳手、快速扳手、螺丝刀等；
2. 防护用品，包括绝缘手套、绝缘鞋、护目镜、绝缘胶带等；
3. 诊断检测仪器，包括兆欧表、万用表、电流表等。

所需设备

北汽EV160电机、北汽EF126B02减速器、北汽EV200电机、车辆举升机。

所需资料

北汽EV160纯电动汽车维修手册。

【工作流程】

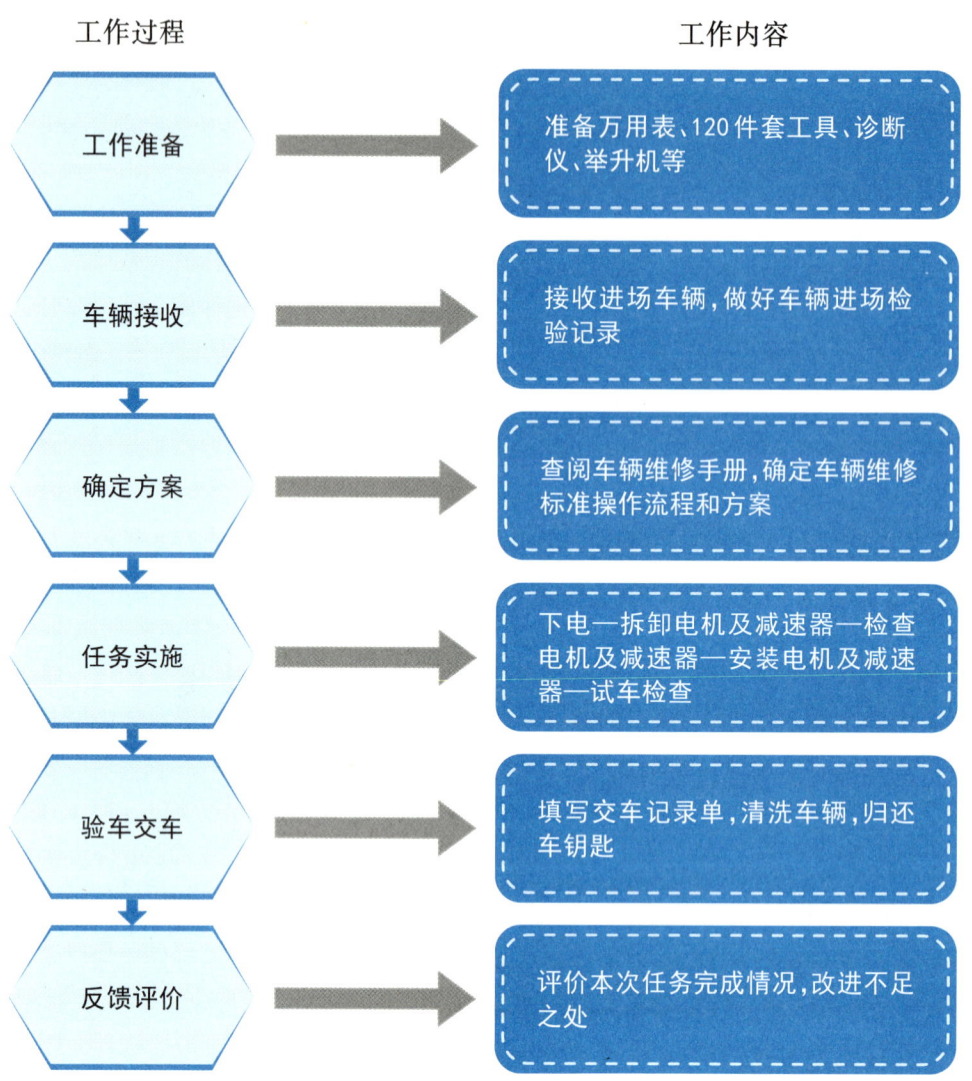

任务一 驱动电机的认识

【任务描述】

驱动电机作为新能源汽车的重要部件,其技术性能直接影响整车的性能和成本,正确认识驱动电机是新能源汽车维修技术人员应掌握的基本能力。

【任务目标】

1. 了解驱动电机系统的概况;
2. 掌握驱动电机的主要类型及应用;
3. 了解驱动电机的性能。

【任务准备】

一、驱动电机系统概述

(一)电动汽车驱动电机系统概况

电动汽车驱动电机的工况相对比较复杂:能够频繁启停、加减速;在汽车低速行驶、爬坡时要求高转矩,高速行驶时要求低转矩,具有大变速范围;混合动力车的驱动电机还需要具备电机启动、电机发电、制动能量回馈等特殊功能。此外,电机的能耗直接决定电池在固定容量下的续驶里程。因此,电动汽车驱动电机系统在负载要求、技术性能和工作环境上有特殊要求:

第一,驱动电机要有更高的能量密度,实现轻量化、低成本,同时要具有能量回馈能力,降低整车能耗。

第二,驱动电机同时具备高速宽调速和低速大转矩性能,以提供高启动速度,具备良好的爬坡性能和快速加速性能。

第三,电机控制系统要有高控制精度、高动态响应速度,并具备良好的安全性和可靠性。

驱动电机系统作为电动汽车的重要组成部分,其技术性能直接影响整车的性能和成本。我国的驱动电机系统的自主化程度仍远落后于电池,对驱动电机系统部分核心组件如IGBT(绝缘栅双极型晶体管)芯片等仍不具备完全自主生产能力,拥有电机控制系统完整知识产权的整车企业和零部件企业仍是少数。但是,目前随着我国驱动电机系统产业链的逐步完善,驱动电机系统的国产化率在逐步提高,未来驱动电机系统市场的增速有望超过电动汽车整车市场的增速。

(二)电动汽车驱动电机系统布置形式

按照电动汽车上驱动电机的数目不同,电动汽车驱动系统的布置分为单电机驱动系统和多电机驱动系统两种形式,驱动方式主要有四种,即机械驱动方式、电动机-驱动桥组合驱动方式、电动机-驱动桥整体驱动方式、轮毂电动机分散驱动方式。

1.单电机驱动系统

单电机驱动系统一般又分为机械驱动方式和电动机-驱动桥组合驱动方式两种。

(1)机械驱动方式(图3-1-1)。

该驱动方式是在保持内燃机汽车传动系统基本结构不变的基础上,用驱动电机替换传统汽车的内燃机,其主要由驱动电机、离合器、变速箱、传动轴和驱动桥等部件构成。

图3-1-1 机械驱动方式

(2)电动机-驱动桥组合驱动方式(图3-1-2)。

电动机-驱动桥组合驱动方式在电动汽车中有较为广泛的应用,其总体构成是在驱动电机端盖的输出轴处加装主减速器和差速器等,驱动电机、固定速比减速器和差速器组合成一个驱动整体,通过固定速比的减速作用放大驱动电机的输出转矩。

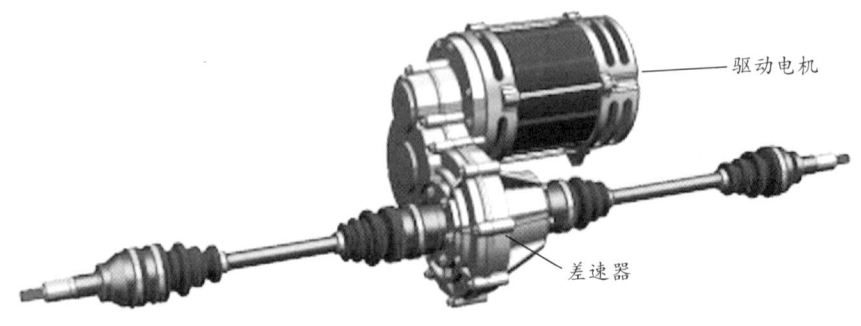

图3-1-2 电动机-驱动桥组合驱动方式

2.多电机驱动系统

多电机驱动系统一般又分为电动机-驱动桥整体驱动方式和轮毂电动机分散驱动方式两种。

(1)电动机-驱动桥整体驱动方式(图3-1-3)。

同电动机-驱动桥组合驱动方式相比,电动机-驱动桥整体驱动方式更进一步减少了动力传动系统的机械传动元件数量,因而使整个动力传动系统的传动效率提高,同时可以节省很多空间,形成电动汽车所独有的驱动系统布置形式。该系统一般由两个轮边电动机分别与两个相同固定速比的减速器集成在一起,减速器直接与两个驱动轮连接,取消了机械差速器,两个驱动电动机独立控制转速;在左右两个驱动电动机中间安装有电子差速器,能使电动汽车的灵活性更好,可以方便地引入驱动防滑系统,通过控制车轮的驱动转矩或驱动轮实现主动制动等,提高汽车的通过性和在复杂路况上的动力性。

图3-1-3 电动机-驱动桥整体驱动方式

(2)轮毂电动机分散驱动方式(图3-1-4)。

轮毂电动机分散驱动方式就是把驱动电机安装在电动汽车的车轮轮毂上,电动机输出转矩直接带动驱动轮旋转,从而实现汽车的驱动。同传统汽车相比,轮毂电动机分散驱动方式电动汽车把传统汽车的机械动力传动系统所占空间完全释放出来,使动力电池、行李箱等有足够的空间。同时,该分散驱动方式下的每台驱动电机可实现独立控制,有利于提高车辆的转向灵活性和安全性。采用轮毂电动机分散驱动方式的动力系统必须解决的问题是如何保证车辆行驶方向的稳定性,同时驱动电机及减速装置必须能够布置在有限的轮毂空间内,这就要求该驱动电机的体积较小。

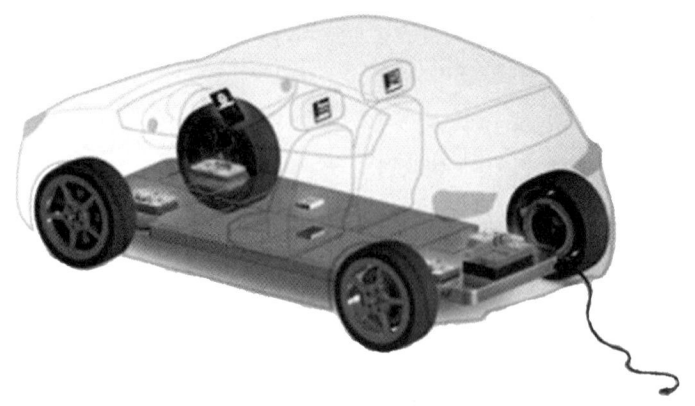

图3-1-4 轮毂电动机分散驱动方式

二、车用电机基础知识

（一）电机

电机泛指依据电磁感应原理实现电能转换或传递的一种电磁装置，特指发电机、电动机。

电动机俗称马达，它的主要作用是产生驱动转矩，是一种将电能转化成机械能，并可再使机械能产生动能，用动能驱动其他装置的电气设备。如图3-1-5所示。

图3-1-5 电动机

所有的电机都是在电动运行时将电能转化为机械能，在发电时将机械能转化为电能。同一台电机既可以作为电动机也可以作为发电机，条件只是相应地改变控制算法。但必须指出的是，虽然能量转化的可逆性是电机的普遍原理，但针对不同用途其在设计和控制上是有所偏重的。电机种类多样，具体分类如下：

1.按工作电源分类

根据工作电源不同,电机可分为直流电机和交流电机。其中交流电机还可分为单相电机和三相电机。

2.按结构及工作原理分类

根据结构及工作原理不同,电机可分为直流电机、同步电机和异步电机。

直流电机按结构及工作原理可分为无刷直流电机和有刷直流电机。有刷直流电机可分为电磁直流电机和永磁直流电机。电磁直流电机又分为串励直流电机、并励直流电机、他励直流电机和复励直流电机。永磁直流电机又分为稀土永磁直流电机、铁氧体永磁直流电机和铝镍钴永磁直流电机。

同步电机可分为永磁同步电机、磁阻同步电机和磁滞同步电机。

异步电机可分为感应电机和交流换向器电机。感应电机又分为三相异步电机、单相异步电机和罩极异步电机等。

三相异步电机是靠同时接入三相交流电源(每两相之间的相位差为120°)供电的一类电机。由于三相异步电机的转子与定子的旋转磁场以相同的方向、不同的转速旋转,存在转速差,所以叫异步电机。其工作原理是当电机的三相定子线圈通入三相对称交流电后,将产生一个旋转磁场,该旋转磁场切割转子线圈,从而在转子线圈中产生感应电流(转子线圈是闭合通路)。载流的转子导体在定子旋转磁场作用下产生电磁力,从而在电机转轴上形成电磁转矩,驱动电机的转子旋转,并且旋转方向与定子旋转磁场方向相同。

3.按启动与运行方式分类

根据启动与运行方式不同,电机可分为电容启动式单相异步电机、电容运转式单相异步电机、电容启动运转式单相异步电机和分相式单相异步电机。

4.按转子的结构分类

根据转子的结构不同,电机可分为笼型异步电机(旧标准称为鼠笼型异步电机)和绕线转子异步电机(旧标准称为绕线型异步电机)。

笼型异步电机结构简单、运行可靠、重量轻、价格便宜,得到了广泛的应用,其主要缺点是调速困难。绕线转子三相异步电机的转子和定子同样也设置了三相线圈并通过滑环、电刷与外部变阻器连接。调节变阻器的电阻可以改善电机的启动性能和调节电机的转速。

(二)汽车驱动电机

驱动电机是电动汽车行驶的主要执行机构,是实现电能与机械能转化的部件,并将自身的运行状态信息发送给驱动电机控制器。其特性决定了车辆的主要性能指标,直接影响车辆的动力性、经济性和舒适性。

1.驱动电机的功能

驱动电机在电动汽车中承担着驱动车辆和发电的双重功能,即在汽车正常行驶时发挥其主要的电动机功能,将电能转化为机械能;而在汽车制动和下坡行驶时其转变为发电机,将车轮的惯性动能转化为电能。

电动汽车需要实现正常行驶和能量回收功能。正常行驶即车辆能够正常行驶和倒车等。能量回收也称为再生制动,是电动汽车节能的主要措施之一,汽车制动时电机可实现再生制动,一般可回收10%~15%的能量。

2.驱动电机的性能要求

(1)作为电动机运转。

在电机运行期间,混合动力汽车和纯电动汽车的变频器往往通过脉宽调制或其他调节方法产生三相交流电,并在电机的定子线圈中形成一个转动的电磁场。定子的电磁场会与转子的电磁场(若是永磁电机)形成电磁场(若是感应电机)相互作用,使转子转动。

初学者或许对直流电机的运行方式比较熟悉,例如启动电机(直流有刷电机)后,它使用电刷进行整流以保证定子励磁线圈与旋转电枢相互作用。而交流电机内则没有电刷,它通过变频器进行整流,以校正定子线圈的电磁场与转子的位置。为了计算转子的相对位置,混合动力汽车和纯电动汽车需要使用绝对位置传感器(这是一个不论转子位置或速度如何,都能测定转子位置的传感器)提供的信息。最常用的绝对位置传感器是旋转变压器。

当电机作为电动机运行(正转)时,它的转速由变频器供给的交流电频率所决定,其所产生的转矩大小与形成转矩的电流大小成一定比例。

(2)作为发电机运转。

为产生电流,需要外部机械力使电机的转子转动进行发电,这一外力可来自混合动力汽车和纯电动汽车转动的车轮(如在再生制动的时候),或者来自混合动力汽车的内燃机,通常表现为电机反转。转动的转子能在电机定子线圈内形成感应电磁场,继而在定子线圈内产生感应交流电,为汽车的电池组充电,或驱动电动机运转。

因为有电磁感应,任何时候(包括作为电动机运行时)交流电机的转子都会在定子线圈中产生感应电压,这一电压被称为反电动势。随着电机转速提升,转子在定子线圈中旋转速度加快,反电动势自然升高。为了让发动机转动并且在给定的转速下产生相应转矩,混合动力汽车和纯电动汽车的变频器在相同的转速下必须产生比电机的反电动势更高的电压。一些混合动力汽车和纯电动汽车变频器中使用的升压转换器能将汽车动力电池包提供的电压提高2~3倍,以克服电机的反电动势并提高最大运转速度。还有另一种称为"磁场削弱"的电机控制方式,即在电机高速运转时,以减少转矩输出为代价,使速度最大化,减小反电动势。

(3)主要性能要求。

对动力驱动系统的要求:

①启动力矩大和过载能力强。动力驱动系统不仅要满足汽车带负载频繁起步的要求,还要求在汽车加速和上坡时,有一定的短时过载能力。

②限制电机的过大峰值电流,使其小于蓄电池最大放电允许电流,以避免损坏机械部件。一般而言,电动机启动电流较大,须设法改善电机的启动特性。

③调速范围宽,在高、低速各工况下均能高效运行。通常而言,电机在接近所设计额定功率及转速范围运行效率较高,而远离额定点效率必降低,因此设计多级额定转速,可简化机械传动从而减少摩擦损耗和车载质量。

④电机能够正反转运行,使汽车在不必切换齿轮时实现倒车。

⑤方便、高效地实现电能回馈。汽车降速制动和下坡滑行时经电机将更多的动能转化为电能回馈给蓄电池,以便增加续驶里程。

⑥设法使电机同时具有电磁制动功能。因电磁制动的动态响应极快,可及时准确地对各个车轮制动力进行分配,提高汽车的安全性。

⑦调速响应快。提高电机的动态响应性可改善行驶中各控制性能。

⑧运行平稳及可靠性高。利用其故障容错性等,确保电动汽车即使在出现故障时仍能"跛行回家"以避免交通堵塞。

对驱动电机自身的要求:

①高电压。主要优点是可以减小电机的尺寸、降低逆变器的成本以及提高能量转化效率等。提高电机电压的典型例子是丰田公司的THIS-Ⅱ混合动力系统。该系统电机采用的电压由201.6 V提高到650 V,在电机尺寸和质量变化不大的前提下,电机的功率、转矩和转速范围得以扩大。

②高转速。在产品技术文件规定的负载下,电机应能达到产品技术文件规定的最大工作转速。现代电动汽车的电机转速可达8000~12000 r/min,甚至更高。

③转矩密度和功率密度大。转矩密度、功率密度分别指最大转矩体积比和最大功率体积比。采用铝合金外壳可以降低电机的质量,各种控制装置和冷却系统也应尽可能选用轻质材料。

④具有较大的启动转矩和较宽范围的调速性能。为达到启动、加速行驶、正常行驶、减速行驶、制动等所需的功率与转矩,电机应具有较大的启动转矩和较宽范围的调速性能,应具有自动调速功能,减轻操纵强度,提高舒适性,达到内燃机汽车同样的控制响应。电机的转矩特性是车速小于基速时转矩为恒转矩,随着车速(电机转速)的升高转矩逐渐降低。

⑤较大的过载能力。电动汽车的驱动电机一般要有4~5倍的过载能力,以满足短时加速行驶与最大爬坡能力的要求。而工业驱动电机只要求有2倍的过载能力。

⑥高效率。在额定电压下,电机、电机系统的高效工作区占总工作区的百分比(效率不低于80%)应符合产品技术文件的规定。

⑦可兼作发电机使用。因结构不同,有的混合动力汽车既有电动机又有发电机,如丰田PRIUS由于采用了混联式结构,电动机和发电机二者兼有,并且通过行星齿轮机构耦合在一起。为减少汽车的自重和节省空间,绝大部分混合动力汽车的电动机均可兼作发电机使用,以回收汽车制动和减速时的能量。

(4)汽车驱动电机的特点。

通常要求电动汽车的驱动电机能够频繁地启动/停止、加速/减速,低速行驶或爬坡时要求高转矩、低转速,高速行驶时要求低转矩、恒功率,并要求变速范围大,因此驱动电机应具有良好的转矩-转速特性。驱动电机的转矩-转速特性如图3-1-6所示。

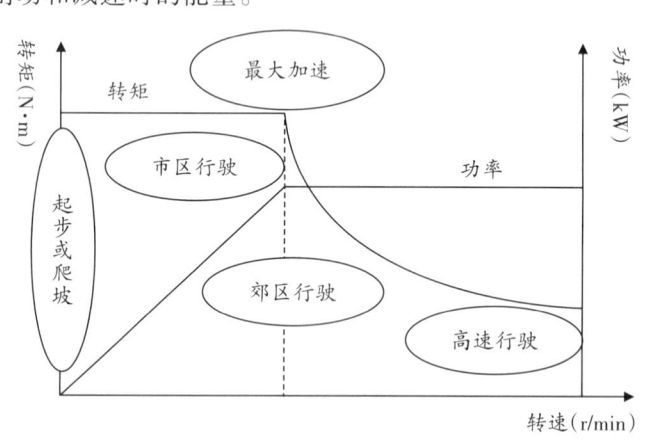

图3-1-6 驱动电机转矩-转速特性

3.驱动电机的基本类型

电动汽车常用的驱动电机主要有直流电机、三相交流异步电机、永磁同步电机、开关磁阻电机等。

(1)直流电机。直流电机(如图3-1-7)具有产品成熟、控制方式简单、调速优良等特点,电动汽车在发展早期,大都采用直流电机。但其缺点是自身机械结构(电刷、换向器等)复杂,制约了瞬时过载能力和转速的进一步提高;机械结构会产生损耗,提高了维护成本;运转时的电刷火花会使转子发热,导致浪费能量、散热困难,还会造成高频电磁干扰。这些因素都会影响整车性能,所以,目前的电动汽车已经将直流电机淘汰。

(2)三相交流异步电机。三相交流异步电机(如图3-1-8)又称感应电动机,其定子、转子由硅钢片叠压而成,两端用铝盖封装,定子、转子之间没有相互接触的机械部件,结构简单,运行可靠,维修方便。交流异步电机与同功率的直流电机相比效率更高,质量约轻了二分之一,如果进行矢量控制,可以获得与直流电机相当的可控性和更宽的调速范围。由于有着效率高、功率大、适合高速运转等优势,三相交流异步电机是目前大功率电动汽车上应用最多的电机。

(3)永磁同步电机。永磁无刷电机分为两类,一类是方波驱动的无刷直流电机,另一类是正弦波驱动的永磁同步电机(如图3-1-9)。无刷直流电机具有转矩大、功率密度高、位置检测和控制方法简单的优点,但是由于换相电流很难达到理想状态,因此会造成转矩脉动、振动噪声等问题。永磁同步电机具有高控制精度、高转矩密度、良好的转矩平稳性以及低噪声等特点,通过合理设计永磁磁路结构能获得较高的弱磁性能,提高电机的调速范围,所以目前在电动汽车上得到了广泛应用。

(4)开关磁阻电机。开关磁阻电机(如图3-1-10)作为一种新型电机,与其他类型的驱动电机相比,转子、定子均为由普通硅钢片叠压而成的双凸极结构,转子上没有线圈,定子上装有简单的集中线圈,具有结构简单坚固、可靠性高、质量轻、成本低、效率高、升温慢、易于维修等优点。另外,它因具有直流调速系统可控性好的优良特性,可适用于恶劣环境,非常适合作为电动汽车的驱动电机使用。

以上四种电机的性能比较如表3-1-1所示。

图3-1-7　直流电机

图3-1-8　三相交流异步电机

图3-1-9　永磁同步电机

图3-1-10　开关磁阻电机

表3-1-1　四种电机的性能比较

性能	类型			
	直流电机	三相交流异步电机	永磁同步电机	开关磁阻电机
转速(r/min)	4000~6000	12000~20000	4000~10000	>15000
功率密度	低	中	高	较高
过载能力(%)	200	300~500	300	300~500
峰值效率(%)	85~89	94~95	95~97	90
负荷功率(%)	80~87	90~92	85~97	78~86
功率因数(%)	—	82~85	90~93	60~65
恒功率区	—	1:5	1:2.25	1:3
重量	重	中	轻	轻

续表

性能	类型			
	直流电机	三相交流异步电机	永磁同步电机	开关磁阻电机
体积	大	中	小	小
可靠性	差	好	一般	好
结构坚固性	差	好	好	好
功率范围	小	宽	小	很宽
过载能力	较好	好	较好	好
效率	高	较高	高	高
转矩电流比	高	一般	高	高
控制器成本	低	高	高	一般

目前电动汽车常用的电机控制方式有：直流电机的电机控制一般采用脉宽调制控制方式；交流异步电机的电机控制一般采用矢量控制或直接转矩控制的变频调速控制方式；永磁同步电机的电机控制一般采用矢量控制方式；开关磁阻电机的电机控制一般采用模糊滑模控制方式。

4. 驱动电机的型号

驱动电机的型号由驱动电机类型代号、尺寸规格代号、信号反馈元件代号、冷却方式代号、预留代号五部分组成。例如图3-1-11所示。

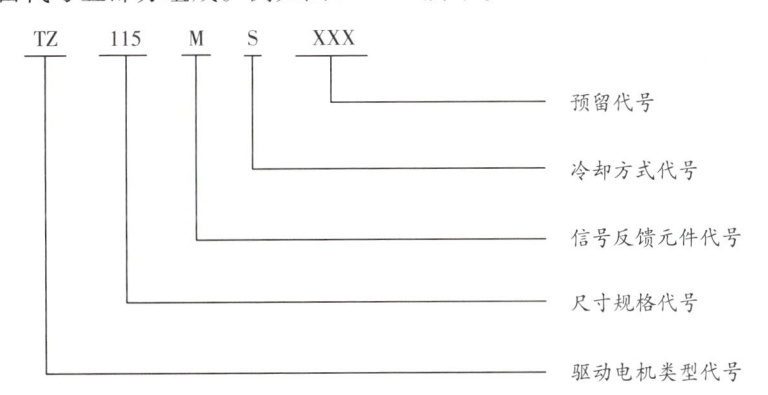

图3-1-11 驱动电机型号的组成

（1）驱动电机类型代号：KC—开关磁阻电机；TF—方波控制型永磁同步电机；TZ—正弦波控制型永磁同步电机；YR—异步电机（绕线式）；YS—异步电机（鼠笼式）；ZL—直流电机。其他类型驱动电机的型号由制造商参照《旋转电机产品型号编制方法》（GB/T 4831—2016）进行规定。

（2）尺寸规格代号：一般用定子铁芯的外径来表示。对于外转子电机，用外转子铁芯外径来表示。

（3）信号反馈元件代号：M—光电编码器；X—旋转变压器；H—霍尔元件。无传感器不必标注。

（4）冷却方式代号：S—水冷方式；Y—油冷方式；F—强迫风冷方式。自然冷却不必标注。

【任务实施】

1.驱动电机系统布置形式的识别

系统布置图片	系统布置类型	主要特点

续表

系统布置图片	系统布置类型	主要特点

2.主流驱动电机布置类型的应用

写出以下车型所使用的驱动电机布置类型。

车型	驱动电机布置类型

续表

车型	驱动电机布置类型

3.驱动电机的识别

电机图片	电机类型	电机特点

续表

电机图片	电机类型	电机特点

【知识链接】

新能源汽车驱动电机系统的发展趋势

从目前电动汽车所使用发电机的情况来看,驱动电机永磁化已经成为行业发展的趋势,行业中电励磁电机和感应电机的研发应用逐渐增多。另外,一些特种电机的研发也在持续推进中,如开关磁阻电机、轴向电机、无稀土永磁电机等。目前市场上的各种纯电动汽车和混动汽车大都使用永磁同步电机,使用感应电机的只占一小部分。

相比永磁同步电机,交流感应电机体积较大、价格适中,而且功率可以设计得很大并且不存在退磁问题,所以一些大型车或者追求高性能的电动汽车都采用感应电机。但总体来讲,电机永磁化是主要发展趋势。

【任务检测】

填空题

1. 电机往往具有_____和发电机两种功能,满足车辆驱动行驶和减速制动等工作需要。

2. 纯电动汽车所用的驱动电机应具有较大的调速范围,包括_____和_____。

3. 电机温度过高或冒烟是电机_____的表现。其原因较多:既有电机外部的因素(如电源供电不稳、_____温度过高、_____等),也有电机自身的原因。

4. 开关磁阻电机各相线圈和_____相互独立,各自在一定范围内产生_____,而不像其他电机必须在_____和磁路共同作用下产生圆形磁场。

【学习评价】

学习评价表

评价项目	评价标准	学生自评 (优、良、中、差)	小组互评 (点赞数)	老师评估 (是否达成目标)
知识评价	1. 知道驱动电机的名称、作用 2. 了解驱动电机的应用			
能力评价	能通过设备使用手册和互联网等途径查阅电机相关资料			
素质评价	1. 自主进行"8S"管理 2. 具有团队协作精神 3. 学习态度认真			
学习体会				

任务二　永磁同步驱动电机的结构

【任务描述】

若一辆电动汽车的永磁同步驱动电机出现不转或转动缓慢的问题，同学们能正确分析该电机的故障吗？应该从哪些方面进行分析呢？

【任务目标】

1. 掌握永磁同步驱动电机的结构；
2. 了解驱动电机的传感器。

【任务准备】

一、永磁同步驱动电机的结构

永磁同步驱动电机的定子线圈与普通同步电机的定子线圈一样。永磁同步驱动电机用径向内置永久磁铁磁极或混合永久磁铁磁极形成可同步旋转的转子磁极，代替其他形式的励磁同步电机的转子励磁线圈。永磁同步驱动电机由定子线圈、定子铁芯、转子铁芯、旋转器、电源动力引出线、水冷系统、机壳等组成。图3-2-1所示为北汽EV200驱动电机总成的结构。

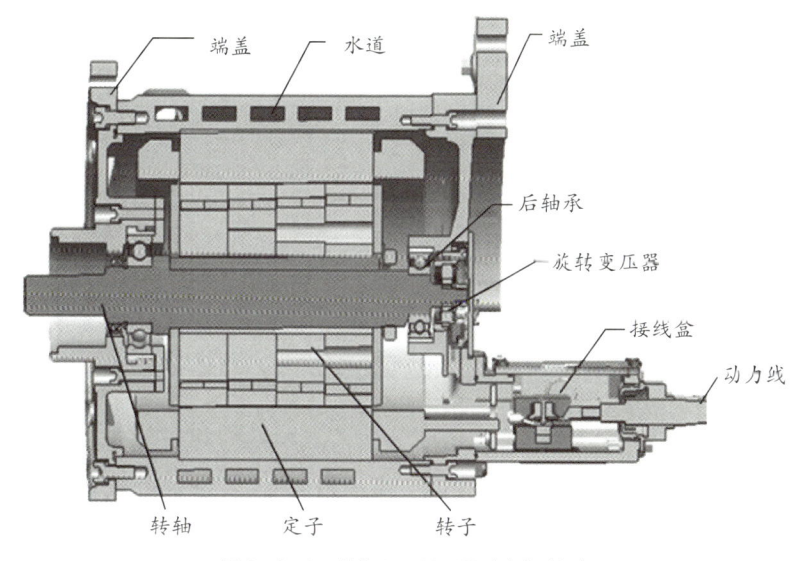

图3-2-1　北汽EV200驱动电机总成

二、永磁同步驱动电机的定子和转子

1.永磁同步驱动电机的定子和三相线圈

永磁同步驱动电机的定子是由导磁的定子铁芯、导电的定子线圈以及固定铁芯和线圈的一些部件组成的,这些部件包括机座、铁芯压板、线圈支架等。为了能够产生旋转磁场,需要3个相对于中心轴旋转120°的线圈。通常这3个线圈被安装在三相交流电机的定子铁芯上,以比亚迪E5电机为例,其定子和三相线圈结构如图3-2-2所示。

图3-2-2 比亚迪E5电机定子和三相线圈[1]

三相线圈以星形电路或三角形电路连接,各相线圈之间的相位差为120°,如图3-2-3所示。实践中,根据需要选择电路连接方式。

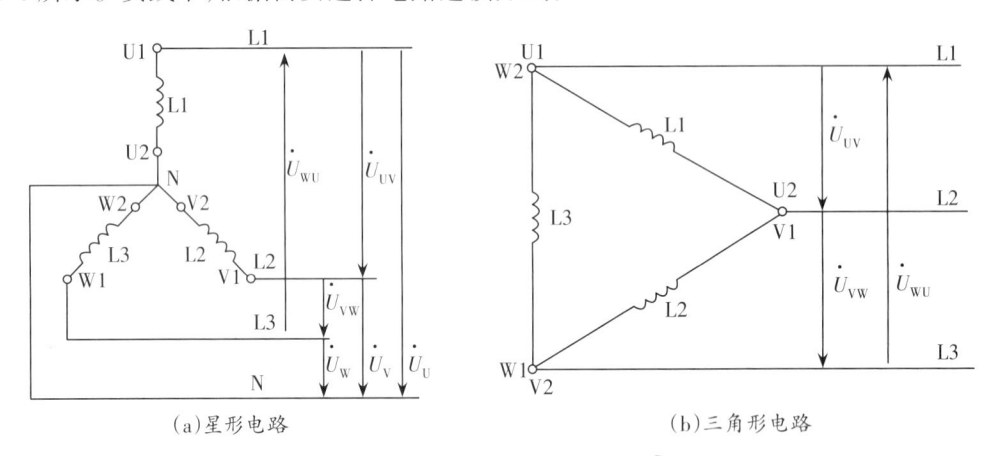

(a)星形电路 (b)三角形电路

图3-2-3 三相线圈的连接电路[2]

在星形电路中,U2、V2和W2支路在星形交叉点N处相互连接在一起,各个支路的U1点、V1点和W1点与外部负载连接。在三角形电路中,三相线圈的头尾端依次连接,外部负载分别通过连接部位与L1、L2和L3连接,因线圈相互连接,所以在布线时三个

---

[1] 吕冬明,杨运来.新能源汽车电机及控制系统检修[M].北京:机械工业出版社,2018.
[2] 同上。

相位L1、L2和L3仅需三条导线。比亚迪E5三相动力线束及接线座如图3-2-4所示。需要打开电机接线盒盖,才能将三相动力线束取出。

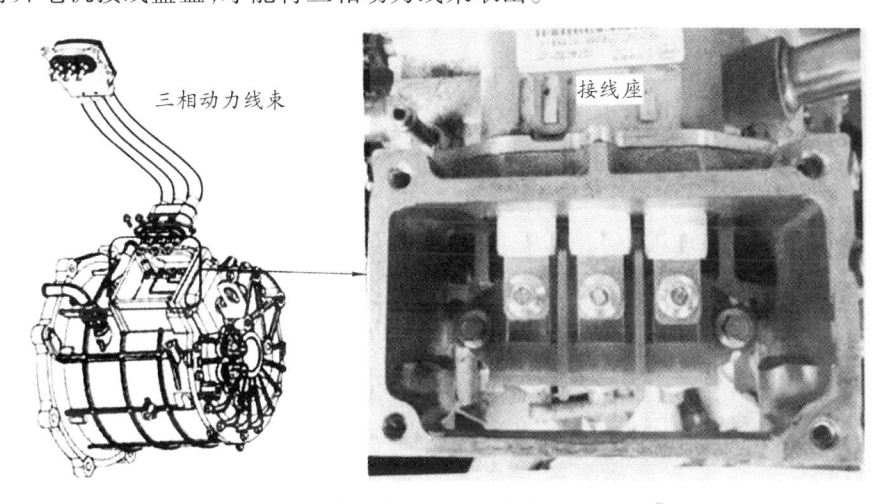

图3-2-4　比亚迪E5三相动力线束及接线座[1]

在发电站,同步电机主要作为可以产生电能的发电机使用;在车辆中,同步电机也可作为发电机为用电器提供电能和为动力电池充电。以前在中等功率的汽车上很少使用同步电机,但是这一现象已经改变,因为在混合动力汽车上使用同步电机的越来越多。图3-2-5所示为丰田普锐斯混合动力汽车使用的同步电机的内部结构。

图3-2-5　普锐斯同步电机内部结构[2]

一般来说,永磁同步电机中定子结构与普通感应电机中定子结构非常相似,这两种电机的主要区别在于前者的转子上放有高质量的永磁体,这种独特结构使其与其他电机形成了明显的差别。

---

[1] 吕冬明,杨运来.新能源汽车电机及控制系统检修[M].北京:机械工业出版社,2018.
[2] 同上。

现如今永磁同步电机在汽车上应用得越来越广泛,它具有功率密度大、转子转动惯量小、运行效率高、转轴上无滑环和电刷等优点。但是永磁同步电机也有自身的缺点,表现为转子上的永磁材料在高温、振动和过流的条件下会产生磁性衰退的现象,所以在相对复杂的工作条件下,电机容易损坏,而且永磁材料价格较高,因此整个电机及其控制系统成本较高。

2.永磁同步驱动电机的转子结构

永磁同步驱动电机的转子由转子铁芯、永磁体和转轴等构成,如图3-2-6所示。为减小磁滞与涡流损耗,转子铁芯一般采用0.5 mm厚、表面有绝缘层的硅钢片叠制而成。永磁同步驱动电机的运行原理与电励磁同步电机相同,但它以永磁体提供的磁通替代后者的励磁线圈励磁,电机结构较为简单,降低了加工和装配费用,且无须励磁电流,省去了励磁损耗,提高了电机的效率和功率密度。

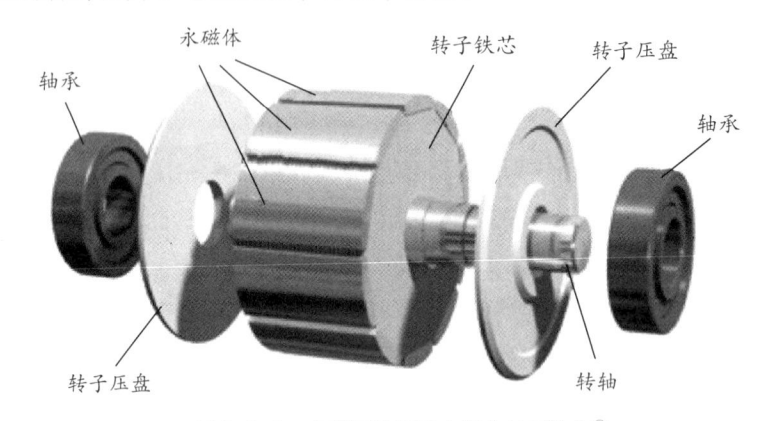

图3-2-6 永磁同步驱动电机的转子结构[1]

根据永磁体在转子上的安装位置不同,永磁同步电机转子通常分为两大类:外置式转子和内置式转子。

(1)外置式转子。

外置式转子的永磁体为瓦片形,用合成胶粘贴在转子表面。永磁体外表面与定子铁芯内圆之间套有起保护作用的非磁性套筒,功率稍大的电机用无碱玻璃丝带加以捆绑保护,以防止高速旋转脱落。外置式转子如图3-2-7所示,它分为面贴式和嵌入式两种结构。

---

[1] 吕冬明,杨运来.新能源汽车电机及控制系统检修[M].北京:机械工业出版社,2018.

(a)面贴式　　　　　(b)嵌入式

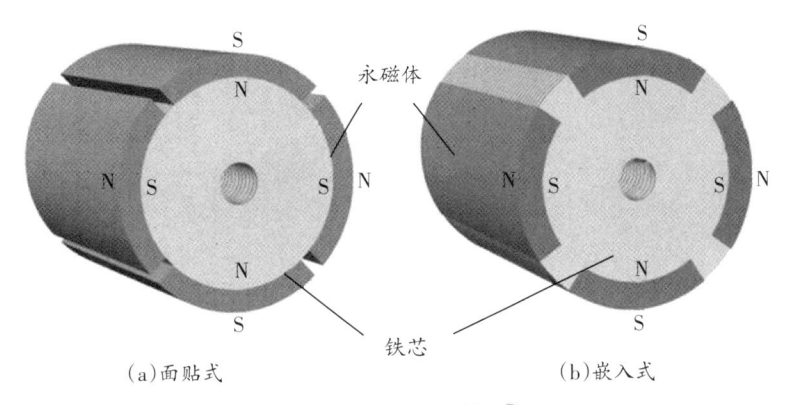

图 3-2-7　外置式转子[1]

对稀土永磁电机来说,由于永磁材料的回复磁导率接近1,面贴式转子从电磁性能上讲属于隐极转子结构;而嵌入式转子是将永磁体嵌于转子表面下,相邻两个永磁磁极间有磁导率很大的铁磁材料,故从电磁性能上讲属于凸极转子结构。

面贴式结构具有结构简单、制造成本较低、转动惯量小等优点,在矩形波永磁同步电机和恒功率运行范围不宽的正弦波永磁同步电机中得到了广泛应用。此外,永磁磁极易于实现最优设计,能使电机气隙磁密波形趋近于正弦波,可显著提高电机乃至整个传动系统的性能。

嵌入式结构可充分利用转子磁路的不对称性所产生的磁阻转矩提高电机的功率密度,动态性能较面贴式有所改善,制造工艺也较简单,常被调速永磁同步电机所采用。但该结构的漏磁系数比面贴式大。

(2)内置式转子。

这类结构的永磁体位于转子内部,永磁体外表面与定子铁芯内圆之间有铁磁物质制成的极靴,极靴中可以放置铸铝笼或铜条笼,起阻尼或启动作用,动、稳态性能好,广泛用于要求有异步启动能力或动态性能高的永磁同步电机。内置式转子内的永磁体受到极靴的保护,其转子磁路结构的不对称性所产生的磁阻转矩也有助于提高电机的过载能力和功率密度,而且易于"弱磁"扩速。根据永磁体磁化方向与转子旋转方向的关系不同,内置式转子可分为径向式、切向式、混合式三种,结构如图3-2-8所示。

---

[1] 吕冬明,杨运来.新能源汽车电机及控制系统检修[M].北京:机械工业出版社,2018.

(a)径向式 (b)切向式

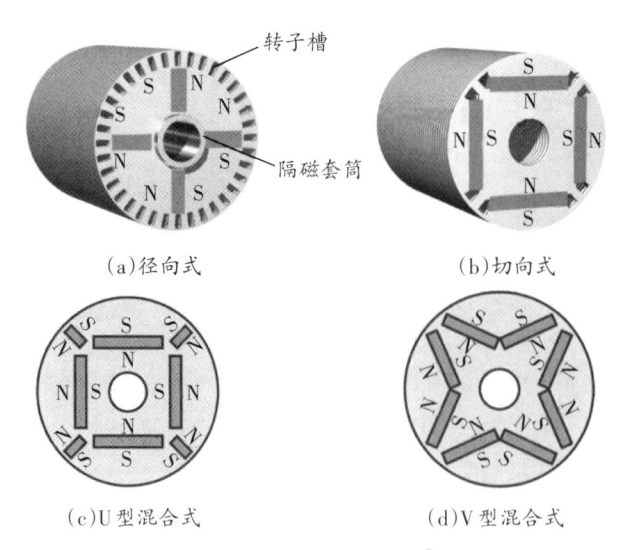

(c)U型混合式 (d)V型混合式

图3-2-8 内置式转子[①]

径向式结构的优点是漏磁系数小、转轴上不需采取隔磁措施、极弧系数易于控制、转子冲片的机械强度高、安装永磁体后转子不易变形等。永磁体轴向插入永磁体槽并通过隔磁空气槽限制漏磁通,结构简单,运行可靠,转子机械强度高,因而近年来应用较为广泛。

切向式结构的漏磁系数较大,需采用相应的隔磁措施,电机的制造工艺的复杂程度和制造成本较径向式结构有所增加。其优点在于一个极距下的磁通由相邻两个磁极并联提供,可得到更大的每极磁通。尤其当电机极数较多,径向式结构不能提供足够的每极磁通时,这种结构的优势便更为突出。此外,采用切向式转子结构的永磁同步电机的磁阻转矩在电机总电磁转矩中的比例可达40%,这对充分利用磁阻转矩,提高电机功率密度和扩展电机恒功率运行范围都是很有利的。

混合式结构集中了径向式和切向式转子结构的优点,但其结构和制造工艺比较复杂,制造成本也比较高,需采用非磁性转轴或隔磁铜套,因此主要应用于采用剩磁密度较低的铁氧体永磁体的永磁同步电动机。

三、驱动电机的传感器及工作原理

1.温度传感器

①温度传感器的功用:检测电机定子线圈的温度,并提供散热风扇启动的信号。

②温度传感器的阻值:PT1000型热敏电阻,温度在0 ℃时阻值100 Ω,温度每增加1 ℃,阻值增加3.8 Ω。

[①] 吕冬明,杨运来.新能源汽车电机及控制系统检修[M].北京:机械工业出版社,2018.

③散热风扇启动温度值：45 ℃≤温度＜50 ℃时，散热风扇低速启动；温度≥50 ℃时，散热风扇高速启动；温度降至40 ℃时，散热风扇停止工作。

为避免因温度过高而造成组件损坏，很多电机使用负温度系数传感器来监控电机定子线圈的温度。负温度系数传感器的电阻会随着温度的升高而降低，随着温度的降低而升高，故通常被放置在线圈内部，但也可能放置于线圈外部或放置在驱动桥润滑油中（混合动力汽车）。如图3-2-9所示为比亚迪E5驱动电机温度传感器，其设计理念是电机工作时，不直接测量转子温度，而是根据定子内的温度传感器测量值确定转子温度，其信号以模拟方式由电机控制器读取和分析。

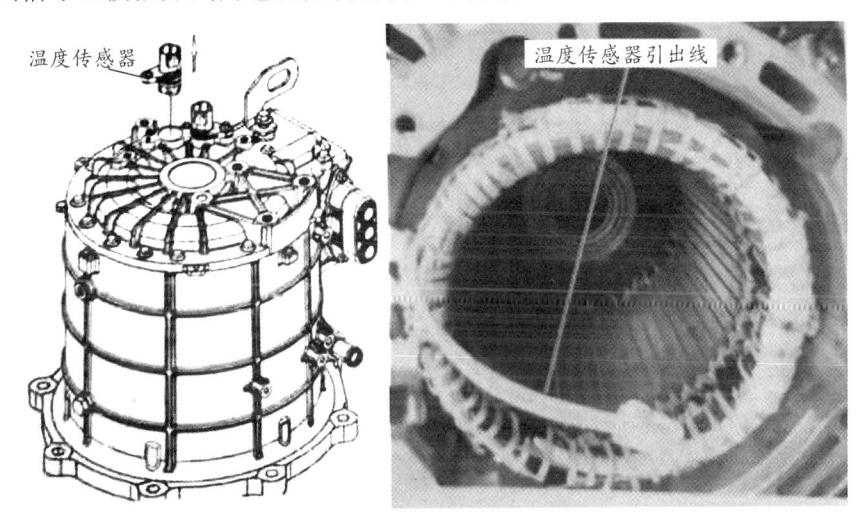

图3-2-9　比亚迪E5驱动电机温度传感器[①]

大多数电机的温度传感器并不耐用，需要随着电机或驱动桥总成的更换进行更换。一些电机甚至没有温度传感器，在这种情况下，这些汽车控制系统则需要通过其他数据对电机的温度进行推断。

若电机的温度升高至临界值，混合动力汽车或纯电动汽车控制系统将会限制电机的最大输出值并设置诊断故障码，且同时在汽车仪表板上显示警告信号。

2.旋转变压器

旋转变压器是转子位置传感器，用于确定电机转子的位置，便于电机控制器输出正确相位和频率。旋转变压器转子安装在电机转子上，随其共同转动。旋转变压器定子安装在电机后盖上，线圈固定在壳体上，信号齿圈固定在转子上。旋转变压器定子线圈及转子如图3-2-10所示。

[①] 吕冬明,杨运来.新能源汽车电机及控制系统检修[M].北京：机械工业出版社，2018.

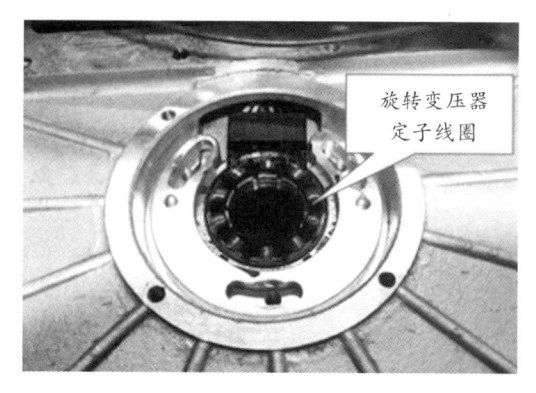

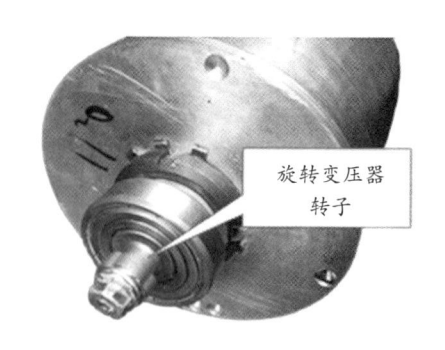

图 3-2-10 旋转变压器定子线圈及转子

旋转变压器用来测定电机转子磁极位置,从而为电机控制器内的逆变器(IGBT 模块)提供正确的换向信息。常用的角度位置传感元件有光学编码器、磁性编码器和旋转变压器。由于制造工艺和精度的原因,磁性编码器没有其他两种普及。光学编码器的输出信号是脉冲,因为输出的是天然的数字信号,数据处理比较方便,因而得到了很好的应用,但信号处理电路比较复杂,价格较高。旋转变压器具有特别优良的可靠性和足够高的精度,适应更高的转速,在永磁同步电机领域逐渐替代了光学编码器,应用越来越广泛。

从原理上看,旋转变压器相当于一台可以转动的变压器。当励磁线圈以一定频率的交流电压励磁时,输出线圈的电压幅值与转子转角呈正弦、余弦函数关系,或保持某一比例关系,或在一定转角范围内与转角呈线性关系。

旋转变压器定子上绕有励磁线圈、正弦线圈和余弦线圈。每个齿上的励磁线圈匝数相等,相邻两齿励磁线圈绕向相反,如图 3-2-11。

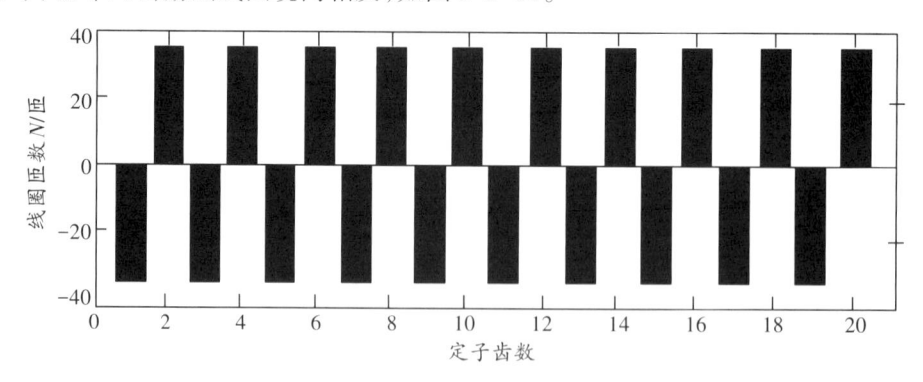

图 3-2-11 旋转变压器励磁线圈匝数与绕向[1]

---

[1] 徐景慧,胥泽民,彭宇福.新能源汽车驱动电机系统检测维修[M].北京:北京理工大学出版社,2020.

旋转变压器定子齿上正弦线圈的匝数随定子次序呈正弦分布,然后交替反向,具体方向服从正弦分布,如图3-2-12。定子齿上余弦线圈的匝数随定子次序呈余弦分布,线圈绕向与正弦分布相似,如图3-2-13。

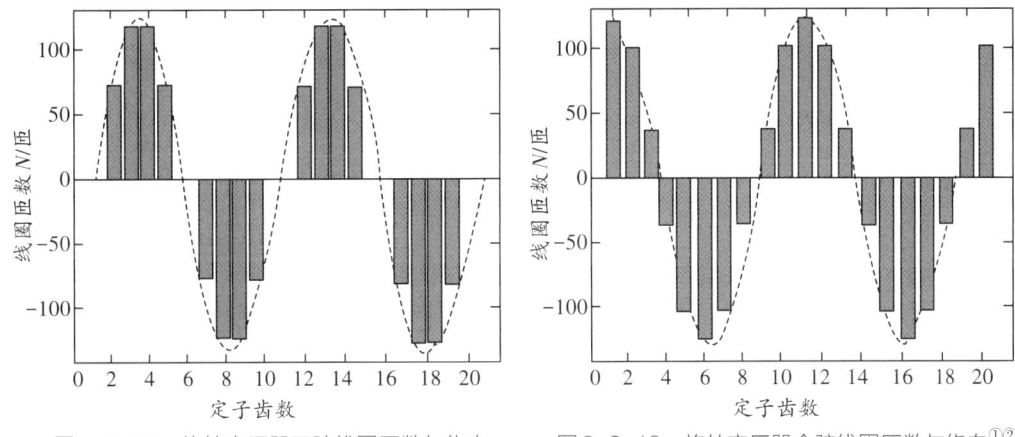

图3-2-12　旋转变压器正弦线圈匝数与绕向　　图3-2-13　旋转变压器余弦线圈匝数与绕向[1][2]

旋转变压器定子上有励磁线圈、正弦线圈和余弦线圈,转子上有4个凸起,电机工作时,旋转变压器定子上的励磁线圈产生频率为10 kHz、幅值为7.5 V的正弦波形基准信号。当电机转子与旋转变压器转子一起转动时,旋转变压器转子转过定子线圈,改变了定子线圈与转子之间的磁通,使得正弦线圈和余弦线圈受励磁线圈感应,信号幅值产生一定变化,呈正弦和余弦波形。波形幅值和相位因与电机转子同转的旋转变压器转子的变化而变化,由此可判断出电机转子的位置、转速及旋转方向。

四、驱动电机的结构

驱动电机由电机吊装支架、旋转变压器盖、电机接线盒、左端盖、电机壳体(包括定子与转子)、右端盖组成,如图3-2-14。

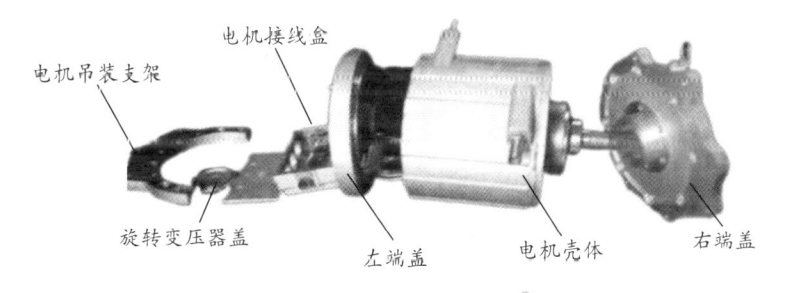

图3-2-14　驱动电机组成[3]

---

[1] 徐景慧,胥泽民,彭宇福.新能源汽车驱动电机系统检测维修[M].北京:北京理工大学出版社,2020.
[2] 同上。
[3] 同上。

北汽EV160驱动电机的转子外形如图3-2-15所示。转子由硅钢片叠压而成，内部嵌有永磁体，两端有轴承，支撑转子的旋转运动，最左端是电机转子带有花键的输出轴。

图3-2-15　EV160驱动电机转子外形

北汽EV160驱动电机定子共有三相线圈，形成定子线圈，定子线圈内埋设有温度传感器，用来监控电机定子温度，当温度过高时，电动冷却液循环泵加速运转给电机降温，电机外壳上有一进一出两根水管，用于冷却液的循环，以便给定子降温，如图3-2-16。

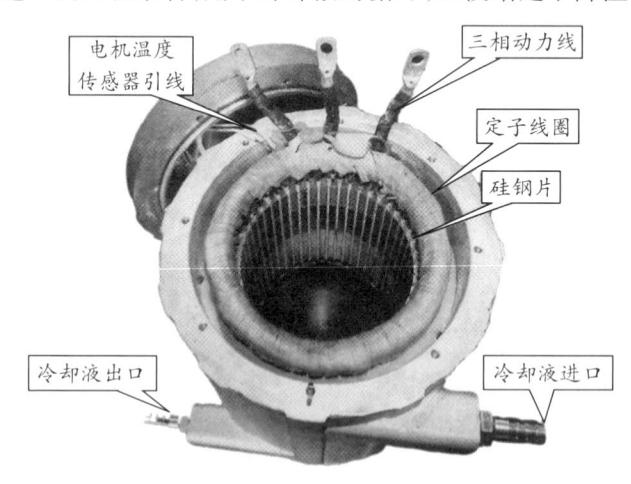

图3-2-16　EV160驱动电机定子结构[①]

驱动电机系统状态和故障信息会通过整车CAN网络上传给整车控制器（Vehicle Control Unit，VCU），传输通道是两束信号线。图3-2-17是电机到控制器的19PIN插件。

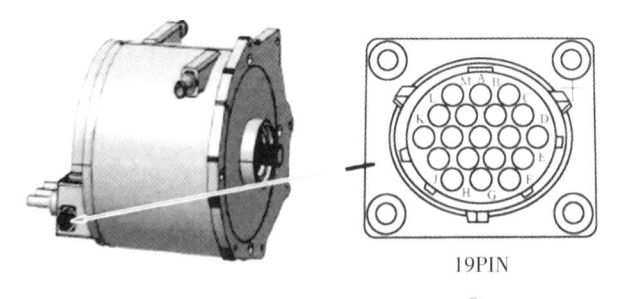

图3-2-17　驱动电机19PIN插件[②]

[①] 徐景慧，胥泽民，彭宇福. 新能源汽车驱动电机系统检测维修[M]. 北京：北京理工大学出版社，2020.
[②] 同上。

【任务实施】

根据所学知识及参考图片完善以下操作步骤：

任务内容	参考图片
（1）目视检查驱动电机外观是否正常。	
（2）检查高、低压线束插件是否插接牢靠（需下电）。	
（3）检查副水箱中的_____是否充足，各水管接头有无滴漏现象（需下电）。	

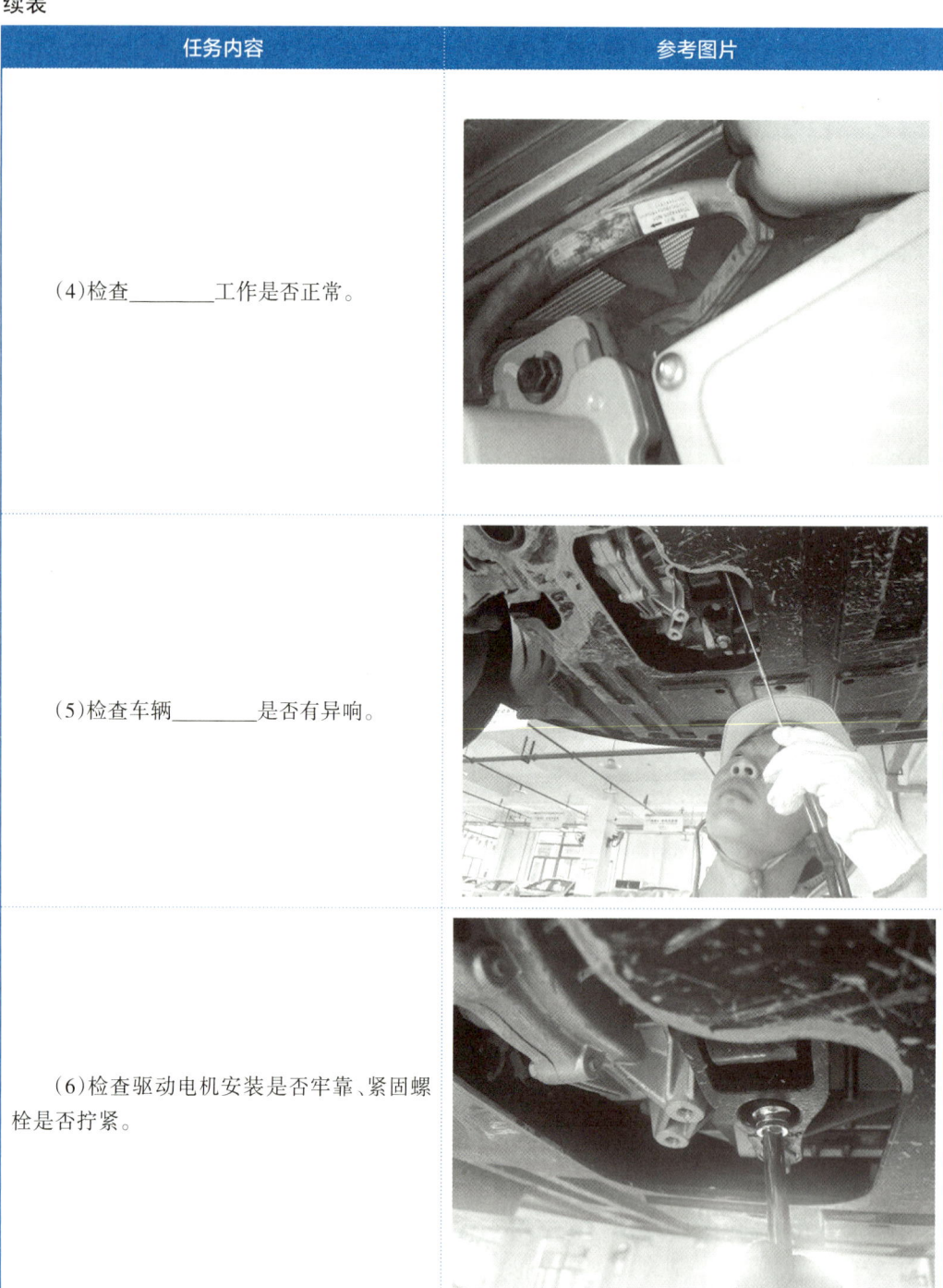

续表

任务内容	参考图片
(4)检查_____工作是否正常。	
(5)检查车辆_____是否有异响。	
(6)检查驱动电机安装是否牢靠、紧固螺栓是否拧紧。	

【知识链接】

驱动电机及系统的主流供应商

目前,新能源汽车驱动电机系统的供应厂商主要包括两类。

第一类是具备驱动电机系统供应链的电动汽车整车企业,其自有生产能力或关联供应链企业向其供应全部或部分驱动电机系统产品。它们一般为传统汽车制造企业,经过多年积累,具备较完整的零部件生产能力。国外的企业例如宝马、丰田、大众等,其电机系统均为内部直接供货。我国的主机厂中,比亚迪、北汽新能源、江铃新能源、长安新能源、中通客车、厦门金龙等均具备自主供应驱动电机系统产品的能力。

第二类是专业从事汽车零部件供应或专业从事驱动电机系统产品供应的企业,如采埃孚(ZF)、大陆(CONTINENTAL)、博世(BOSCH)、日立(HITACHI)、现代摩比斯(HYUNDAI MOBIS)等国际汽车零部件巨头,以及新兴的专业驱动电机系统制造企业,如上海电驱动、上海大郡、精进电动、台湾富田电机等。

此外,部分传统工业电机、变频器生产企业也依靠在研发、生产上的技术积累,积极转型介入新能源汽车驱动电机系统相关产品的供应,如汇川技术、英威腾、卧龙电气、方正电机、江特电机等。

【任务检测】

填空题

1. 永磁同步驱动电机由_____、_____、_____、_____、_____、_____、_____等组成。

2. 永磁同步驱动电机的定子由_____和_____以及_____的一些部件组成,这些部件是_____、_____、_____。

3. 根据永磁体在转子上的安装位置不同,永磁同步驱动电机转子通常分为两大类:_____和_____。

【学习评价】

学习评价表

评价项目	评价标准	学生自评 （优、良、中、差）	小组互评 （点赞数）	老师评估 （是否达成目标）
知识评价	1. 了解永磁同步驱动电机的结构 2. 掌握永磁同步驱动电机的工作原理			
能力评价	1. 能独立完成汽车电机的维护保养 2. 能通过查询设备手册和互联网等获得永磁同步驱动电机相关资料			
素质评价	1. 自主进行"8S"管理 2. 具有团队协作精神 3. 学习态度认真			
学习体会				

任务三 驱动电机的分解与装配

【任务描述】

一辆电动汽车无法高速行驶,初步判断为驱动电机损坏,需要对电机进行拆检。

【任务目标】

1. 掌握永磁同步驱动电机的工作原理;
2. 按照维修手册正确分解及装配驱动电机。

【任务准备】

永磁同步驱动电机的工作原理

在永磁同步驱动电机系统中,电机的输出动作主要受控制单元给定的命令控制,即受控制器输出的命令控制。控制器主要是将输入的直流电逆变成电压、频率可调的三相交流电,供给配套的三相交流永磁同步电机使用。

控制器输出频率和幅值可变的U、V、W三相交流电给电机形成旋转磁场,电机通过位置传感器将转子当前的位置发送给控制器,以供控制器参考并进行控制。驱动电机控制器的连接情况如图3-3-1所示。

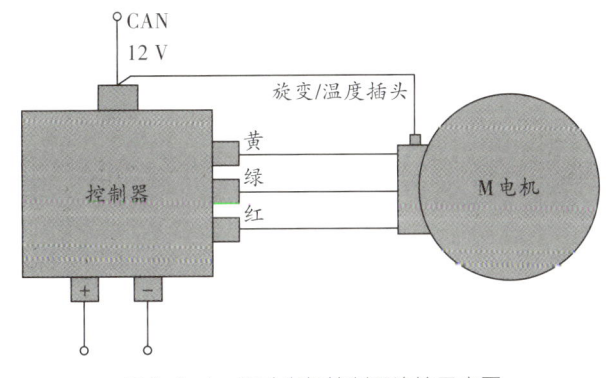

图3-3-1 驱动电机控制器连接示意图

旋转磁场与转子永久磁铁所产生的磁场相互作用产生转矩,带动转子同步旋转,位置传感器实时读取转子位置,将位置信号变换成电信号控制控制器中的逆变器、功率器的开关,调节电流频率和相位,使定子和转子的磁动势保持稳定,以便产生恒定的转矩。定子线圈中的电流大小是由负载决定的。定了线圈中二相电流的频率和相位随转子位置的变化而变化,三相电流合成一个与转子同步的旋转磁场,通过电子器件构成的逆变电路的开关变化实现三相电流的换相,代替机械换向器。

永磁同步电机定子的反电动势和电流均为正弦波,并且保持同向,可以获得与直流电机相同的转矩特性,而且能实现恒转矩的调速。永磁同步电机的能量变化模式如图3-3-2[1]所示。

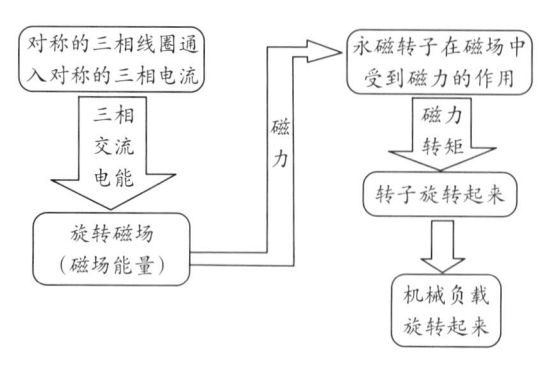

图3-3-2 永磁同步电机能量变化模式

当定子产生一对磁极,上部为N极,下部为S极时,会将转子吸引到S极向上,N极向下的位置。在有负载的状态下,定子旋转磁场在转速上微微领先转子,吸引转子以旋转磁场的转速进行旋转;在理想空载状态下转子与旋转磁场是完全对应的;在转子主动旋转时,转子磁场会切割定子的磁场从而产生感应电流,此时的状态为发电机,电动汽车制动时能量回收就是利用了这一工作原理。三种工作状态分别如图3-3-3的(a)、(b)、(c)所示[2]。

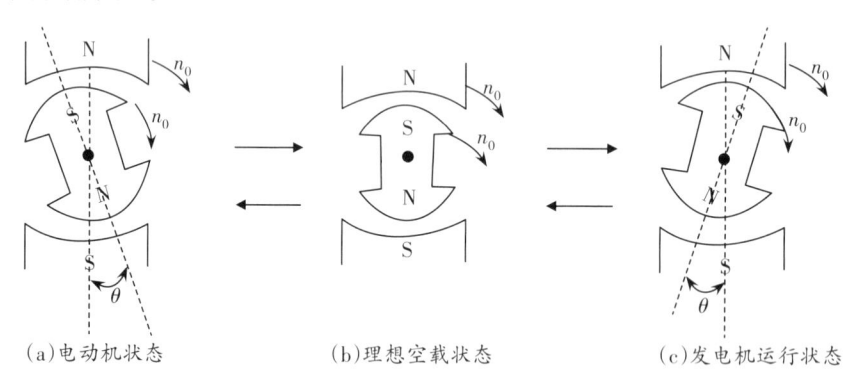

(a)电动机状态　　(b)理想空载状态　　(c)发电机运行状态

图3-3-3 电机的不同工作状态

---

[1] 吕冬明,杨运来.新能源汽车电机及控制系统检修[M].北京:机械工业出版社,2018.
[2] 同上。

【任务实施】

根据所学知识及参考图片完善以下操作步骤：

任务内容	参考图片
（1）拆下驱动电机与减速驱动桥之间的_____个连接螺栓。	
（2）拆下_____线接线盒上盖。	
（3）拆下三相动力线_____，取下三相动力线。	
（4）拆下驱动电机_____盖板。	

续表

任务内容	参考图片
(5)拆下接线盒与驱动电机之间的固定螺栓。	
(6)拆下驱动电机后部的_____。	
(7)拆下驱动电机的_____。	
(8)取下_____,使用压力机压出转子。检测到的转子线圈电阻值为_____,定子线圈电阻值为_____。	

【任务检测】

1.结合本次任务的内容,严格按老师的示范动作完成驱动电机总成的拆装,确保实操中驱动电机总成不被损坏。

2.记录驱动电机总成拆装步骤:

___

___

___

【学习评价】

学习评价表

评价项目	评价标准	学生自评 (优、良、中、差)	小组互评 (点赞数)	老师评估 (是否达成目标)
知识评价	1.知道驱动电机组件的名称、作用 2.掌握驱动电机的正确拆装方法及注意事项			
能力评价	能通过查询设备手册和互联网等获得驱动电机拆装相关资料			
素质评价	1.自主进行"8S"管理 2.具有团队协作精神 3.学习态度认真			
学习体会				

任务四 北汽EV160传动系统的分解

【任务描述】

纯电动汽车动力系统出现故障，应进行检查，并根据情况确定维修方案。正确掌握动力系统的维修技能是新能源汽车维修技术人员应具备的基本能力。

【任务目标】

1. 能根据动力系统的故障现象选择合适的维修方案；
2. 能正确将减速器进行拆解。

【任务准备】

北汽EV160车型的减速器是一款前置前驱减速器，采用左右分箱、两级传动结构，将前进挡和倒挡以共用结构进行设计，整车倒挡通过电机反转实现。它具有体积小、结构紧凑的特点。减速器的主要功能是将整车驱动电机的转速降低、扭矩升高，以满足整车对驱动电机的扭矩、转速需求。

减速器的动力传动机械部分依靠两级齿轮来实现减速增扭。按功用和位置来分，其由五大组件组成：右箱体、左箱体、输入轴组件、中间轴组件、差速器组件。

北汽EF126B02减速器工作原理为：电动机输出动力，经过一级减速齿轮减速将动力传至主减速器，再由差速器将动力分配给两侧车轮，动力传递路线为：驱动电机→输入轴→输入轴轴齿→中间轴齿轮→差速器半轴齿轮→左右半轴→左右车轮。示意路线如图3-4-1所示。

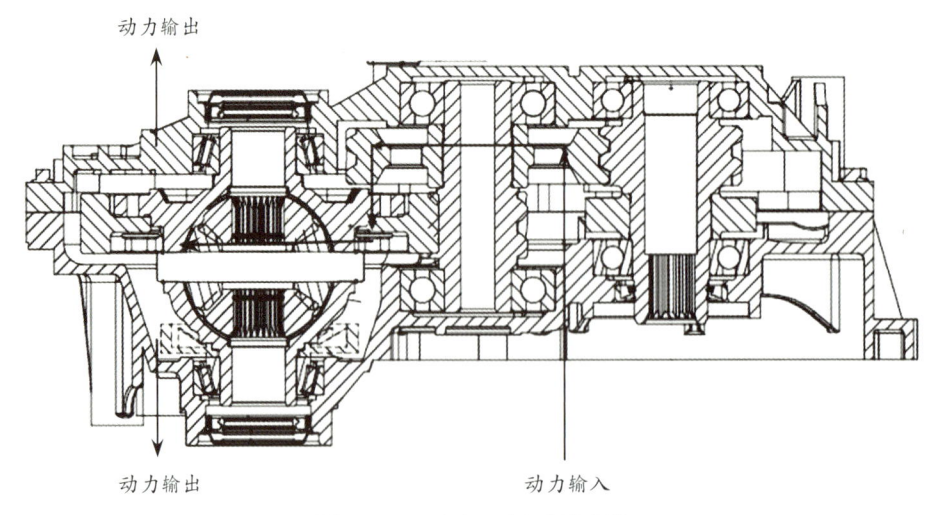

图3-4-1 减速器动力传递路线

【任务实施】

根据所学知识及参考图片完成以下操作步骤：

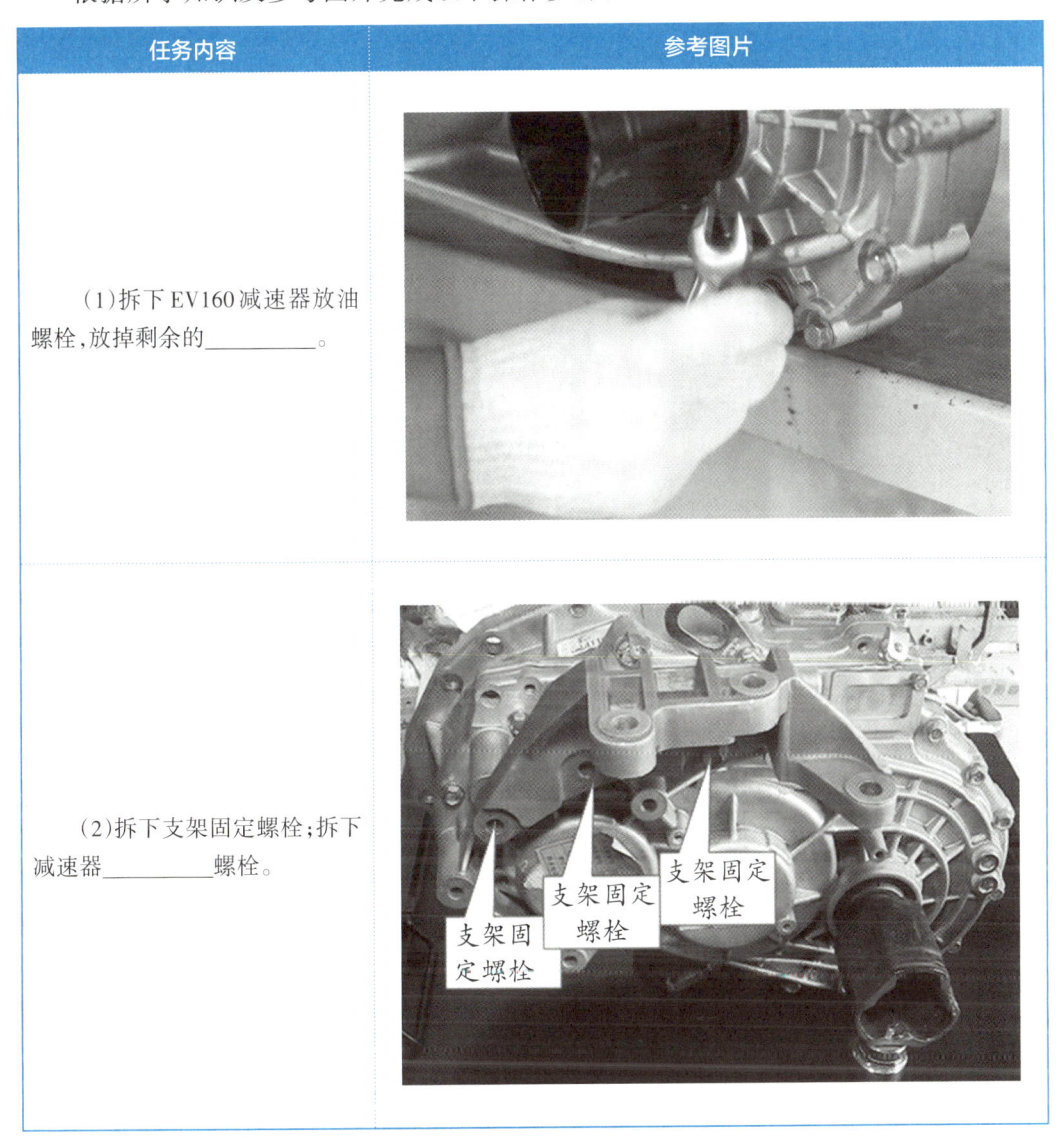

任务内容	参考图片
（1）拆下EV160减速器放油螺栓，放掉剩余的_____。	
（2）拆下支架固定螺栓；拆下减速器_____螺栓。	

续表

任务内容	参考图片
（3）拆下减速器_____螺栓。	
（4）用_____敲松减速器壳体。	
（5）拆下_____。	

续表

任务内容	参考图片
（6）拆下减速器端盖，取下里程表_____。	

【任务检测】

1. 严格按老师的示范动作进行 EV160 减速器拆装，确保实操中 EV160 减速器不被损坏。

2. 结合本次任务，记录 EV160 减速器拆装步骤：

_____

_____

【学习评价】

学习评价表

评价项目	评价标准	学生自评 （优、良、中、差）	小组互评 （点赞数）	老师评估 （是否达成目标）
知识评价	1. 了解 EV160 减速器组件的名称、作用 2. 熟悉 EV160 减速器分解方法及注意事项			
能力评价	能通过设备手册和互联网等途径查阅 EV160 传动系统相关资料			
素质评价	1. 自主进行"8S"管理 2. 具有团队协作精神 3. 学习态度认真			
学习体会				

项目三　驱动电机及传动系统的认识与维护　63

项目四　电控系统的认识与维护

【项目目标】

知识目标
1. 知道纯电动汽车电控系统的功能和工作原理；
2. 了解整车控制方案。

能力目标
1. 能正确拆装纯电动汽车整车控制器、电机控制器和电池管理系统等；
2. 能正确维护纯电动汽车电控系统。

素质目标
1. 通过学习，树立团队合作意识；
2. 能做好安全防护和正确使用工量具。

【项目准备】

所需工量具
1. 绝缘手柄拆装工具，包括力矩扳手、快速扳手、螺丝刀等；
2. 防护用品，包括绝缘手套、绝缘鞋、护目镜、绝缘胶带等；
3. 诊断检测仪器，包括兆欧表、万用表、电流表等。

所需设备
北汽EV200、车辆举升机、充电桩。

所需资料
北汽EV200维修手册及纯电动汽车电控系统其他参考资料。

【工作流程】

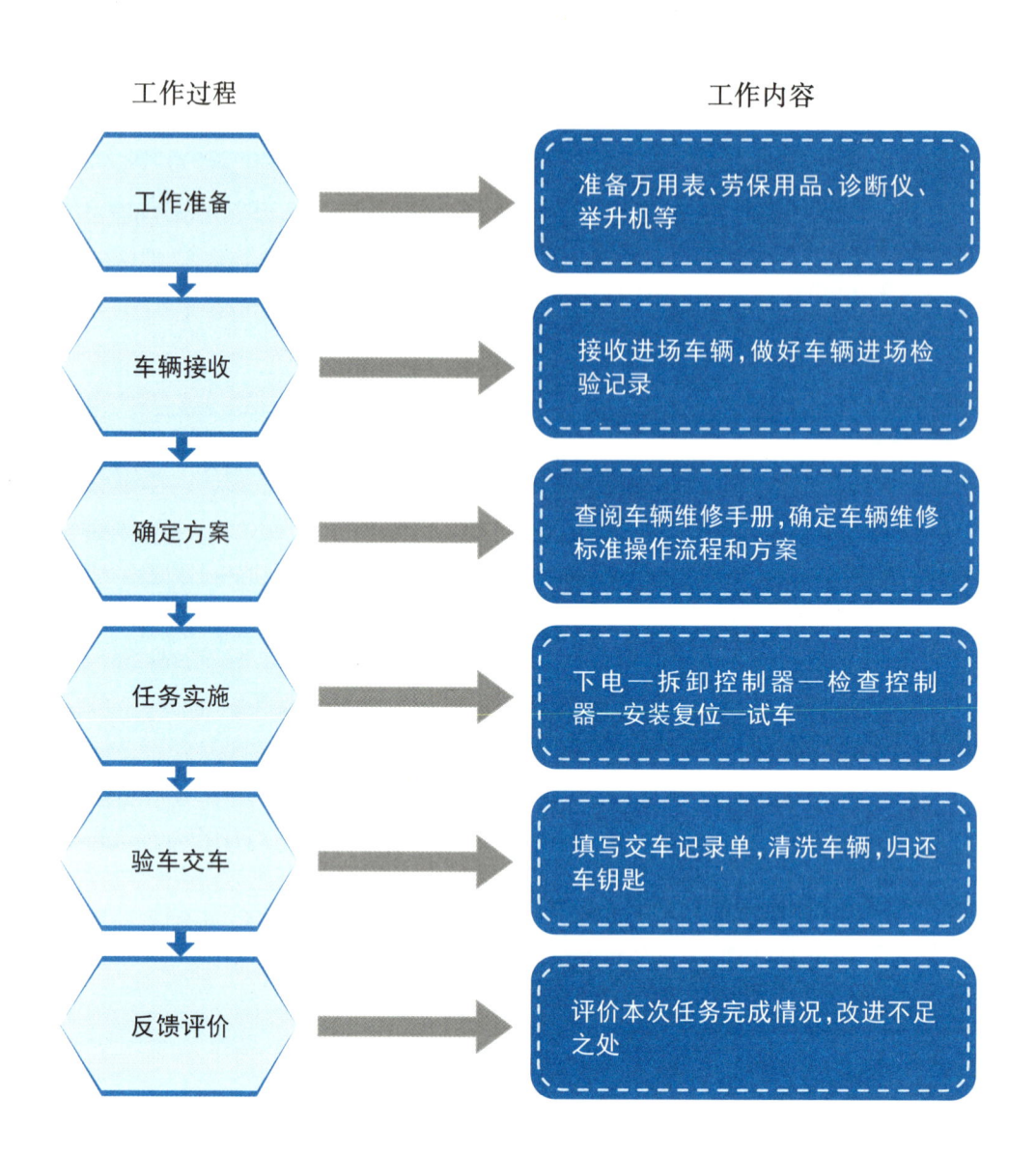

工作过程	工作内容
工作准备	准备万用表、劳保用品、诊断仪、举升机等
车辆接收	接收进场车辆，做好车辆进场检验记录
确定方案	查阅车辆维修手册，确定车辆维修标准操作流程和方案
任务实施	下电—拆卸控制器—检查控制器—安装复位—试车
验车交车	填写交车记录单，清洗车辆，归还车钥匙
反馈评价	评价本次任务完成情况，改进不足之处

任务一 整车控制系统的认识与维护

【任务描述】

整车控制器是实现整车控制决策的核心电子控制单元,了解其构成和工作原理是学习纯电动汽车电控系统相关知识的基础。

【任务目标】

1. 熟悉整车控制系统的构成和作用;
2. 掌握整车控制系统的工作原理;
3. 掌握OBC、PDU等的作用和工作原理。

【任务准备】

一、整车控制器的认知

(一)整车控制器的作用

整车控制器(Vehicle Control Unit,VCU)是实现整车控制决策的核心电子控制单元,它采集电机控制系统信号、加速踏板信号、制动踏板信号及其他部件信号,对驾驶员的驾驶意图进行综合分析并做出相应判断后,监控下层各控制器的动作。整车控制器对汽车的正常行驶、电池能量的制动回馈、网络管理、故障诊断与处理、车辆状态监控等起着关键作用。

(二)整车控制系统的工作原理及主要功能

纯电动汽车整车控制系统是一个由多个子系统构成的复杂系统,其工作原理是车辆在运行时通过各种传感器以及其他车载控制器将整车运行的实时信息反馈给整车控制器,整车控制器根据驾驶员的操作意图与控制策略进行运算,并将控制指令通过CAN总线以及各个硬件接口传输给其他车载控制器与执行器。工作原理示意如图4-1-1所示。整车控制器主要实现动力总成唤醒、电源加载、停机、驱动、能量回收、安全控制、故障检索诊断与失效控制等控制功能,具体见下表4-1-1。

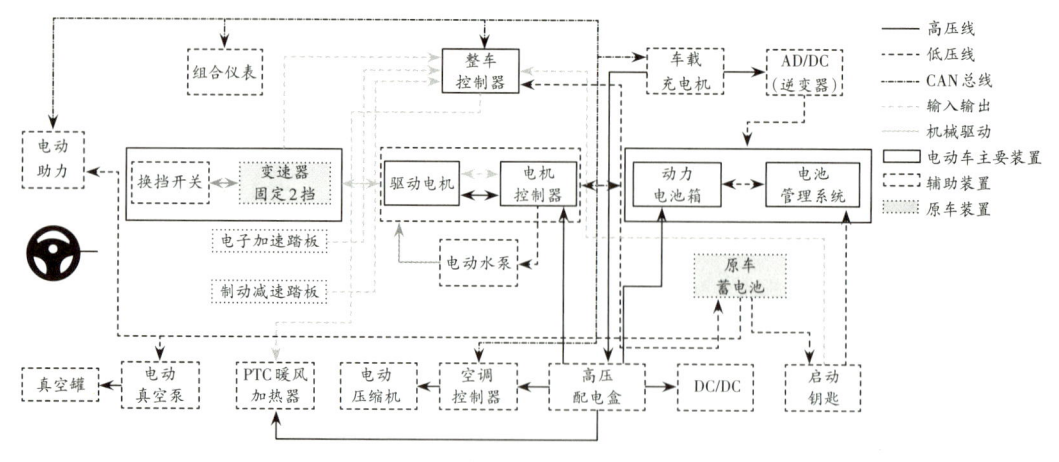

图 4-1-1　整车控制系统的工作原理

表 4-1-1　整车控制器的主要功能

序号	功能
1	驾驶员意图分析
2	驱动控制
3	制动能量回馈控制
4	整车能量优化管理
5	充电过程管理
6	高低压上下电控制：上下电顺序控制、慢充时序、快充时序
7	电动化辅助系统管理
8	车辆状态的实时检测和显示
9	故障诊断与处理
10	远程控制
11	整车CAN总线网关及网络化管理
12	基于CCP(CAN Calibration Protocol)的在线匹配标定
13	DC/DC控制、电动助力转向控制
14	挡位控制
15	防溜车控制
16	远程监控

(三)整车控制器软件架构图

整车控制器要能适应不同的要求,因此需要对整车控制器软件平台进行架构,并依靠软件实现模块数据共享。整车控制器软件通常采用分层模块化结构(图4-1-2)。

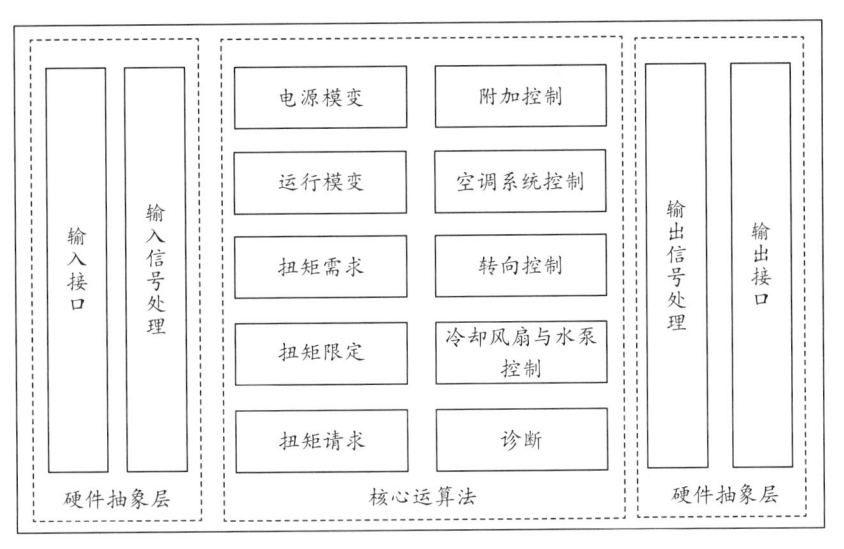

图 4-1-2　整车控制器软件架构图

二、整车CAN总线网关及网络化管理

(一)整车CAN总线

纯电动汽车CAN总线系统由中央控制器、电池管理系统、电机控制系统、制动控制系统、仪表控制系统等组成,各个控制器之间通过CAN总线进行通信,以实现传感器测量数据的共享、控制指令的发送和接收等,并使各自的控制性能都有所提高,从而提高系统的整体控制性能。各个控制器之间的通信与信息类型为信息类和命令类。信息类主要是发送的一些信息,如传感器信号、诊断信号、系统的状态信号;命令类则主要是发送给其他执行器的命令。CAN网络的主要特点有双总线(双绞线)、多主结构、压差驱动、容错能力强、传输速率高、抗干扰能力强等。CAN网络的实车结构及代码说明如图4-1-3和表4-1-2所示。

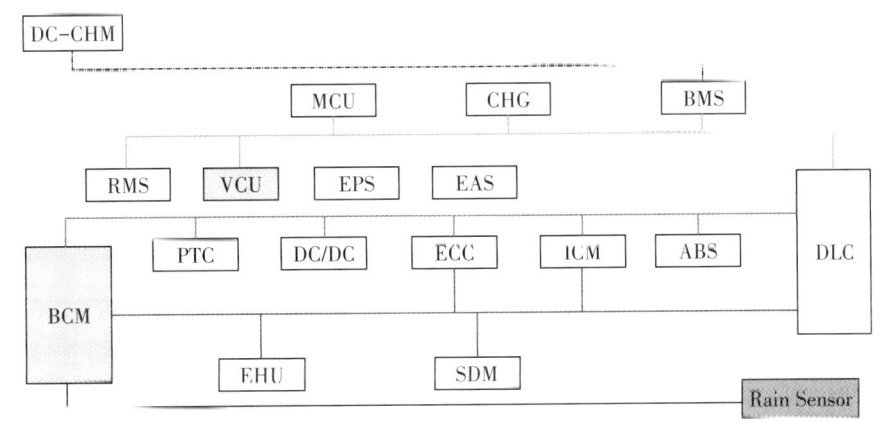

图 4-1-3　CAN网络的实车结构

表4-1-2 CAN网络代码说明

代码	含义	代码	含义
DC-CHM	快速充电系统	PTC	PTC加热器
MCU	驱动电机控制器	DC/DC	直流变换控制器
CHG	充电状态指示灯	ECC	电子温控控制器
BMS	电池管理系统	ICM	仪表控制器
RMS	数据采集终端	ABS	防抱死制动系统控制
VCU	整车控制器	DLC	OBD诊断接口
EPS	电动助力转向控制器	EHU	中控信息娱乐控制器
EAS	电动压缩机控制器	SDM	气囊控制器
BCM	车身控制器	Rain Sensor	雨量传感器

（二）CAN网络物理电压检测方法

将万用表的正表笔连接到诊断接口引脚(CAN-H)，负表笔连接到引脚(GND)，测试PCAN的CAN-H电压（如图4-1-4所示）：

若电压值为2.75~4.5 V，则表示正常；

若电压值为0 V，则表示CAN-H与地短路；

若电压值大于5 V，则表示CAN-H与5 V或12 V电源短路。

将万用表的正表笔连接到诊断接口引脚(CAN-L)，负表笔连接到引脚(GND)，测试PCAN的CAN-L电压（如图4-1-5所示）：

若电压值为0.5~2.25 V，则表示正常；

若电压值为0 V，则表示CAN-L与地短路；

若电压值大于5 V，则表示CAN-L与5 V或12 V电源短路。

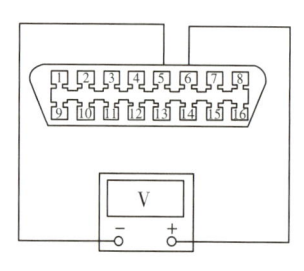

图4-1-4 CAN-H电压测量图示

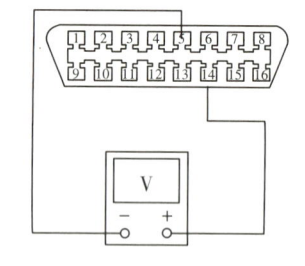

图4-1-5 CAN-L电压测量图示

（三）CAN网络物理电阻检测方法

用万用表、示波器测试CAN网络终端电阻，具体步骤为：

（1）将电池正极断开，使整车断电。

(2)将万用表调到电阻挡的200 Ω量程。

(3)将万用表的两个表笔连接到诊断接口引脚6(CAN-H)和引脚14(CAN-L)测量PCAN的电阻值(如图4-1-6),R=(60±10) Ω为标准值。若电阻值为(60±10) Ω,则测试通过;若电阻值为0 Ω,则CAN-H和CAN-L短路。

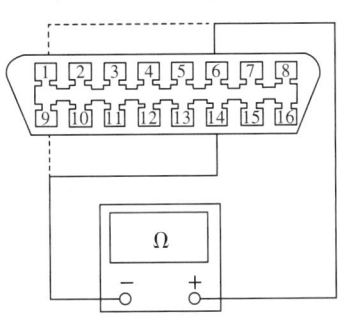

图4-1-6　CAN网络电阻测量图示

三、高压配电盒

高压配电盒(Power Distribution Unit,PDU),是纯电动汽车高压系统中的高压电源分配单元,负责高压系统中的电源分配与管理,通过母排及线束将高压元器件连接,具有整车充放电控制、高压部件上电控制、电路过载短路保护、高压采样、低压控制等功能,保护和监控高压系统的运行。高压配电盒的控制结构如图4-1-7所示。

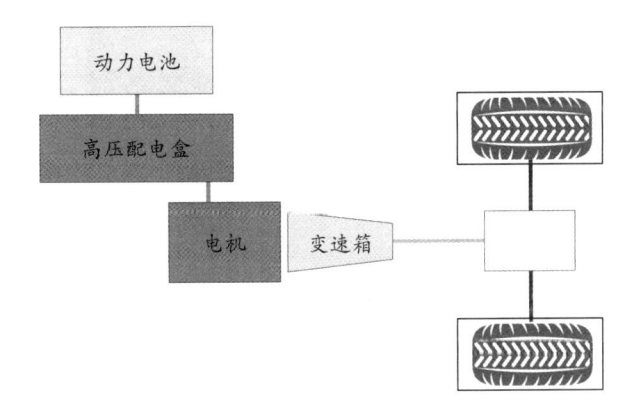

图4-1-7　高压配电盒控制结构

(一)控制系统

1.充电过程控制

充电控制系统与电池管理系统共同进行充电过程中的充电功率控制。整车控制器接收到充电信号后,禁止车辆高压系统上电,保证车辆在充电时处于行驶锁止状态,并根据电池状态限制充电功率,保护电池。

2.充电阶段数据交换

在充电阶段,车辆向充电桩实时发送电池充电需求参数,充电桩会根据该参数实时调整充电电压和电流,并相互发送各自的状态信息(充电桩的输出电压电流、车辆电池的电压电流、电池负荷状态等)。

3.充电结束阶段控制

车辆的控制系统会根据电池是否达到充满状态或者充电桩发来的"充电桩中止充电报文"判断是否结束充电,具体工作过程为:满足充电结束条件,车辆会发送"车辆中止充电报文",在确认充电电流小于5 A后断开。充电桩根据操作人员设定的充电结束条件,或者在收到车辆发来的"车辆中止充电报文"后,会发送"充电桩中止充电报文",并停止充电。

(二)车载充电机

车载充电机(On Board Charger,OBC)(如图4-1-8所示),指固定安装在车上的充电机,作用是将交流电转化为直流电,为电动汽车电池慢速充电。

图4-1-8 车载充电机外形

(三)快充(直流)接口

快充接口是连接地面充电设备使其给电动汽车的动力电池进行直流充电的设备。快充接口如图4-1-9所示,共有9个针脚。插上快充枪后,车辆端口CC1和CC2针脚确认充电枪和车辆的充电端口是否连接到位。当充电桩和车辆都确认连接后,由充电桩输出12 V辅助电压,通过A+和A-端口唤醒车辆电控系统。当车辆电控系统被唤醒后,就能通过S+和S-针脚进行通信了,充电桩向车辆电池管理系统、电控系统等发出车辆识别信息,从而得知车辆上装配的是什么电池,需要多大电压,输出电流应控制在什么范围等。当各项信息参数确认无误后,电控系统内部的快充继电器吸合,电流就会通过DC+和DC-端口输入动力电池。

1.S+	网络通信+（CAN-H）
2.CC2	车辆端连接确认2
3.S-	网络通信-（CAN-L）
4.CC1	充电桩连接确认1
5.DC+	高压直流+
6.DC-	高压直流-
7.A+	辅助电源+
8.PE	地线
9.A-	辅助电源-

图4-1-9　快充接口

（四）DC/DC转换控制器

DC/DC转换控制器是把一种直流电压变换为另一数值的直流电压的装置,是开关电源技术的一个分支。它由控制芯片、二极管、电感、电容、负载和直流电源构成,工作原理是通过带滤波器的负载电路与直流电源时而接通、时而关断,使得负载上得到另一个直流电压。

汽车DC/DC转换控制器的主要功能是把高压（如400 V）直流电降压为14 V或28 V的直流电。400 V蓄电池在汽车行驶中电压会降到电动机不能工作的电压（如280 V）,DC/DC则保证在280~400 V变化电压区间内输出稳定的14 V电压。另外,当主蓄电池完全放完电汽车已经不能行驶时,DC/DC仍能从蓄电池中获取能量向电动汽车的基本辅助子系统提供稳定的14 V电压。

【任务实施】

根据所学知识及参考图片完成下列任务：

任务内容	参考图片
在进行整车控制器更换时,应注意安全操作问题。由于整车控制器由_____系统进行供电,因此首先需要拆下_____连接线束,并进行搭铁。	整车控制器外观

项目四　电控系统的认识与维护　73

续表

任务内容	参考图片
1.完成整车控制器的拆卸： （1）做好车辆安全防护与隔离，包括_____、_____、_____等； （2）打开前舱盖，取下蓄电池负极，拔下整车控制器连接插头； （3）拆下整车控制器的固定螺栓，取下整车控制器。 2.在对纯电动汽车的整车控制器进行维护前需确认电动机和所有附属设备都已停止运行，使用工具时避免同时接触蓄电池的正负端，以免造成短路。	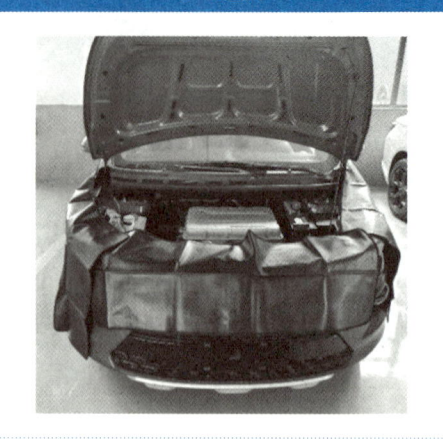
1.PEU（Protable Electrical Unit）为电力电子集成模块，俗称四合一，是将OBC、DC/DC转换控制器、PDU、电机控制器集成在一个高压模块里。其日常检查维护的注意事项包括： （1）日常维护保养：_____次/周。 （2）日常维护保养方案包括： ①对PEU表面进行清洁（需下电）； ②检查高、低压线束插件是否插接牢靠（需下电）； ③检查48PIN插头M3脚和M4脚、L3脚和L4脚间电压是否在_____之间； ④检查车辆运行过程中驱动电机是否有异响。注意区分是机械噪声（类似"咔咔""哒哒"声），还是电磁噪声（类似"滋滋"声，频率高，刺耳），如果是后者，可考虑暂时不处理。	

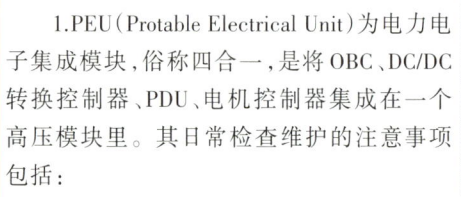

【任务检测】

一、填空题

整车控制器主要有_____
等功能。

二、简答题

简述纯电动汽车的下电及上电步骤。
_____
_____
_____

【学习评价】

学习评价表

评价项目	评价标准	学生自评 （优、良、中、差）	小组互评 （点赞数）	老师评估 （是否达成目标）
知识评价	1. 清楚整车控制系统的工作原理 2. 熟悉纯电动汽车CAN总线系统的组成 3. 熟悉CAN网络物理电压、电阻检测方法			
能力评价	1. 能通过查询维修手册和互联网等获得整车控制系统相关资料 2. 能正确连接汽车分析仪，读取故障码			
素质评价	1. 自主进行"8S"管理 2. 具有团队协作精神 3. 学习态度认真			
学习体会				

任务二　电池管理系统的认识与维护

【任务描述】

电池管理系统（Battery Management System，BMS）是对电池进行监控和管理的系统，是连接车载动力电池和电动汽车动力系统的重要纽带。因此，掌握电池管理系统的主要功能和工作原理是纯电动汽车维修技术人员应该具备的基本能力。

【任务目标】

1.了解电池管理系统的工作原理；
2.掌握电池管理系统的主要功能；
3.掌握电池管理系统的维护方法。

【任务准备】

纯电动汽车与传统汽车最大的区别是纯电动汽车用电池作为动力源，所以动力电池是纯电动汽车的核心。电动汽车的动力输出依靠电池，而电池管理系统则是对电池进行监控和管理的系统，通过对电压、电流、温度以及荷电状态等参数进行采集、计算，进而控制电池的充放电过程，实现对电池的保护，提升电池综合性能。

一、电池管理系统的构成

电池管理系统主要由硬件、底层软件和应用层软件三部分构成（如图4-2-1所示）。硬件由主板（Brake Control Unit，BCU）和从板（Battery Management System，BMS）两部分组成，主板安装位置比较灵活，用于继电器控制、荷电状态（State of Charge，SOC）估计和电子元件伤害保护等；从板安装于模组内部，用于检测单体电池的电压、电流和进行均衡控制。底层软件架构符合AUTOSAR汽车开放系统架构标准，能够对不同的硬件进行任务分配，并且对应用层软件影响较小。应用层软件主要包括高低压管理、充电管理、状态估算、均衡控制和故障管理等。

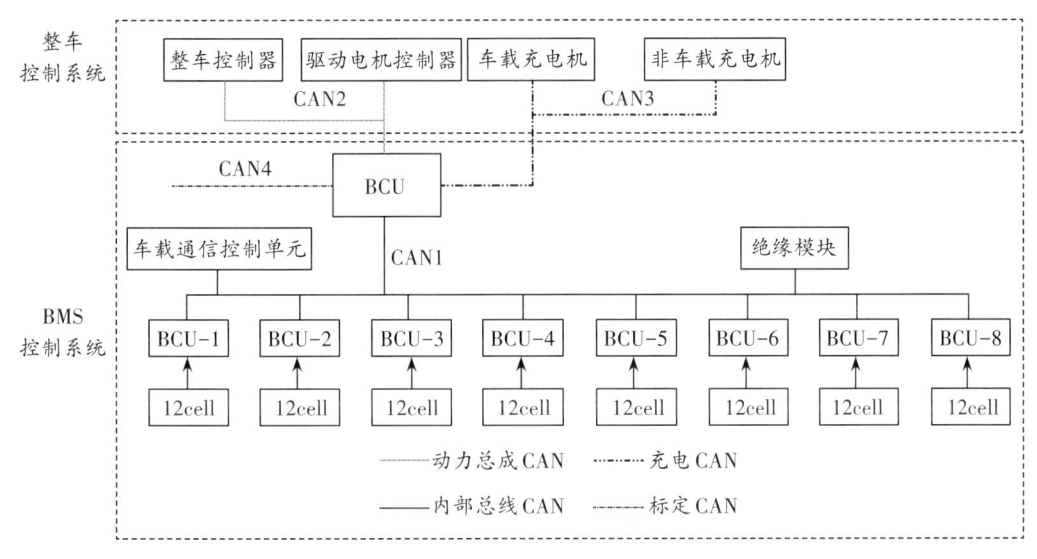

图 4-2-1　电池管理系统的结构示意图

二、电池管理系统的功能

电池管理系统是电池保护和管理的核心部件,不仅要保证电池的安全可靠使用,也要促使电池充分发挥能力和延长使用寿命。作为电池与其他控制器以及驾驶者沟通的桥梁,电池管理系统根据采集到的动力电池的基本参数及故障信息,通过控制接触器控制动力电池组的充放电。具体来说主要是通过电压、电流及温度检测等功能实现对动力电池的过压、欠压、过流、高温和低温的管理,以及继电器控制、SOC估算、充放电管理、故障报警及处理、与其他控制器通信等。电池管理系统还具有高压回路绝缘检测功能,以及为动力电池系统加热功能。电池管理系统具体功能如图4-2-2所示。

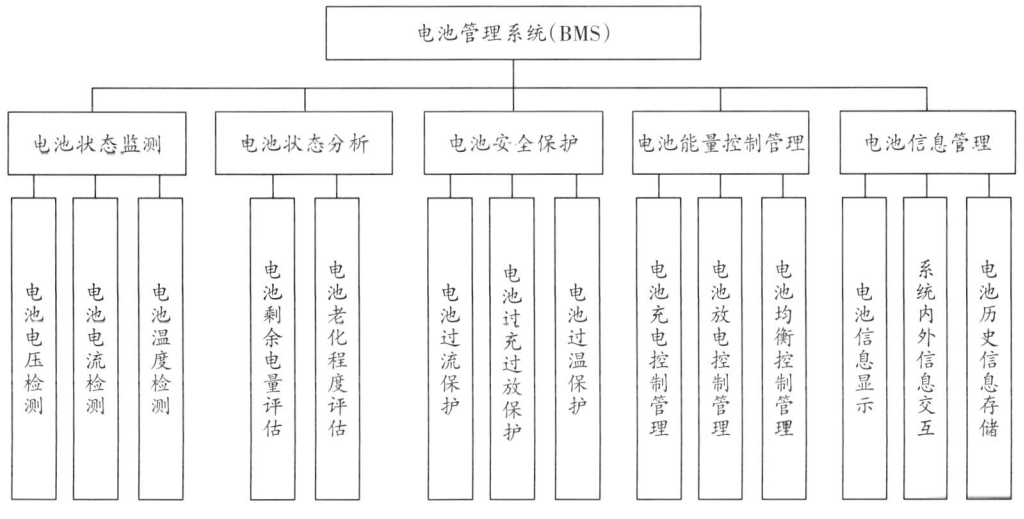

图 4-2-2　电池管理系统的功能

项目四　电控系统的认识与维护

1.电池系统运行状态的实时监测

纯电动汽车电池系统的实时数据采集包括:检测单体电池电压、电池包总电压,测量系统温度、电流、绝缘性和高压互锁等。

电池系统中单体电池具有不同的使用状态,单体电池较为直接的使用状态可以通过其电压和整个模块的温度来判断。因而对单体电池的电压以及模块的温度都要进行实时监测。目前单体电池电压测量方法有很多,常见的有电阻分压法、浮动测量法、模拟开关选择通道法等几种。温度测量则包括环境温度和电池箱温度测量。电池管理系统对动力电池包进行温度检测可以以此来验证电池包的相关热模型,辅助电池包内各功能单体与模块的设计,也可以根据检测数据发出预警,如当发现电池包温度超过安全值时,发送报警信号进行早期预警,以避免危险发生。

高压互锁功能是指在高压电缆连接插头处设计互锁开关,以监测高压回路的连续性、完整性以及在运行过程中断时开启安全保护,防止带电插拔对高压部件的拉弧损坏。

2.电池的SOC、SOH估算

(1)电池的剩余电量(State of Charge,SOC)指电池当前剩余电量与总容量之比,是电池的主要参数之一。

$$SOC = \frac{电池剩余电量}{电池总容量}$$

SOC的精度尤其重要,如果没有精确的SOC,再多的保护功能也无法使BMS正常工作,更无法延长电池的寿命。因此对于相等容量的电池,SOC的估算精度越高就可以拥有越长的续驶里程。

(2)电池的健康状态(State of Health,SOH)指电池的健康度,可以理解为电池当前容量与出厂容量的百分比。简单地讲,SOH就是电池使用一段时间后某些直接可测或间接计算得到的性能参数的实际值与标称值的比值。SOH是表征电池当前性能状态的参数,需要将其与SOC区别开来。一般情况下,SOC指电流参数的短期变化,而SOH则描述的是长期变化。

$$SOH = \frac{电池当前容量}{电池出厂容量} \times 100\%$$

对新电池来说,SOH值一般是100%,随着使用时间的延长,电池在不断地老化,SOH值也会相应降低。一般认为,当电池的实际容量降至额定容量的80%时,就应该更换电池。

当前,SOH的估算方法大致分为两种:一种是不基于模型的测量SOH的方法,比如放电实验法、循环次数折算法等;另一种则是基于模型的SOH估算方法,如经验模型法、电阻折算法和阻抗分析法等。

3. 电池组热管理

热管理包括对电池组的低温保护和过热保护两个方面。其中低温保护指电池在低温下,容量降低,活性降低,可使用的充放电倍率下降,这种情况下就必须对电池的充放电倍率进行保护。如果环境温度降到更低,电池不能正常充放电,不能支持用电设备的正常工作,强行使用会造成电池当场损坏,这时候热管理系统会切断充放电电路,禁止使用电池。过热保护的原则是尽量让电池工作在45 ℃以下,避免过快地老化。电池组热管理系统为电池组安全、高效地工作提供了重要保证。对于一箱电池来说,温度与使用功率有关,使用功率越大,则电池箱内的电池发热量越多,温度越高。而不同电池热量导出电池箱的热阻分布决定了箱内电池间的温度差异。热量导出主要包括集流体的热量如何导到电池箱外,电池外壳的热量如何导到电池箱外。电池管理系统通过温度传感器采集温度信息,同时根据实时的温度值做出判定,当温度过高时,电池管理系统通过主控模块控制散热系统为电池组散热;当温度过高不能及时散热时,电池管理系统则通过主控模块切断总正总负继电器,使车辆暂时无法行驶。当温度过低并低于低温阈值时,电池管理系统通过主控模块控制加热系统为电池组或某个电池单体加热升温。一般来说,电池管理系统的热管理系统内置四级警告,由高到低依次为:

A级(一级警告,切断级,发生该等级警告后电池管理系统一般要切断主回路继电器);

B级(二级警告,控制级,发生该等级警告后电池管理系统一般要求整车控制充放电状态);

C级(三级警告,提示级,发生该等级警告后电池管理系统只进行提示,一般不控制继电器);

D级(四级警告,最轻微的一级警告)。

4. 电池间能量均衡管理

将多个单体电池串联成组投入使用的重要条件就是电池系统达到一致性与均衡性,这对电池系统的使用效率及安全性有很大作用。电池管理系统可以实现电池的一致性控制,从而避免电池由于不一致性可能造成的过充、过放,由此相对延长电池组的使用寿命,使得电池组容量和能量利用率实现最大化。

5. 电池能量管理

电池管理系统在电池使用过程中实时监控电池的剩余电量,若监测到电池电量过低则调控电池进行充电,若电池充电基本完成,继续充电会使电池电量过高,此时电池管理系统就会限制充电并在使用时增加放电量。电池管理系统可以对电池系统的任何使用状态做出合理判断并控制其充放电电流及功率。

6. 故障诊断与报警

电池在任何状态下均有安全电压及电流的规范要求。汽车动力电池在使用过程中,电池管理系统会持续对其系列指标进行监测并控制,当任何参数超过规定值时均会发生报警,从而确保电池的安全使用。

7. 信息交互

电池管理系统可以通过信息交互实现与外界控制(整车控制、远程无线监控等)端口的同步工作。目前,信息交互主要依靠CAN总线来实现,部分系统通过RS232或RS485实现。

以上所有功能都是电池管理系统必不可少的功能,针对不同的使用环境以及不同的电池种类,电池管理系统的功能也显著不同。

三、电池管理系统的工作模式

完整、合理的电池管理系统工作模式,能保证汽车动力电池安全可靠地实现其最优的性能和最长的使用寿命,电池管理系统有以下5种工作模式。

1. 下电模式

下电模式是整个系统的低压与高压装置均处于不工作状态的模式。在下电模式下,电池管理系统控制的所有高压接触器均处于断开状态,低压控制电源处于不供电状态。下电模式属于省电模式。

2. 待机模式

电池管理系统在待机模式下不处理任何数据,能耗极低,能快速启动工作。待机模式下,系统所有的接触器均处于未吸合状态,系统可通过接收到的外界的点火锁、整车控制器、电机控制器、充电插头开关等部件发出的硬线信号或受CAN报文控制的低压信号来驱动各高压接触器,从而进入一定的工作模式。

3. 放电模式

在待机模式下,电池管理系统检测到放电信号后,接收车辆控制器发来的动力电池运行状态指令和接触器的动作指令,并执行相关指令,结束上电及预充电流程,进入放电模式。

4.充电模式

在充电模式下,电池管理系统由充电唤醒信号唤醒,该信号为高电平有效。在此状态下,车辆会开启DC/DC模式以防止辅助电池因电池管理系统工作而亏电。磷酸铁锂电池在低温下不具有很好的充电特性,低温下对该种电池充电有一定的危险性。基于安全考虑,应在系统进入充电模式之前对系统进行一次温度判别。当电池包内温度低于0 ℃时,系统进入充电预热模式,此时可通过接通直流转换接触器对低压蓄电池供电,同时可用预热装置对电池模组预热;当电池包内的温度达到并超过0 ℃时,系统可进入充电模式,即闭合B-接触器。

5.故障模式

电池管理系统对于故障的响应会根据故障等级而定,当故障级别较低时,系统可通过报错或发出轻微报警信号的方式告知驾驶人员;当故障级别较高时,系统会直接断开高压接触器以保证驾驶安全。低压蓄电池是整车控制系统的供电源,无论电池管理系统处于充电模式、放电模式还是故障模式,直流转换接触器都处于闭合状态,这样可使得低压蓄电池处于充电模式,从而提供连续不断的低压电。

【任务实施】

根据所学知识完成以下问题:

任务内容	参考图片
电池管理系统内置四级警告由高到低依次为:_____ _____ _____ _____。	—

【任务检测】

填空题

1.电池管理系统主要由_____、_____和_____三部分构成。

2.电池管理系统有5种工作模式,它们分别是:_____、_____、_____、_____和_____。

【学习评价】

学习评价表

评价项目	评价标准	学生自评 （优、良、中、差）	小组互评 （点赞数）	老师评估 （是否达成目标）
知识评价	1.熟悉电池管理系统的热管理系统内置四级警告 2.熟悉蓄电池的温度控制方式 3.熟悉分析仪的使用方法及注意事项			
能力评价	1.能通过查询维修手册和互联网等获取电池管理系统相关资料 2.能正确连接汽车与分析仪，读取故障码			
素质评价	1.自主进行"8S"管理 2.具有团队协作精神 3.学习态度认真			
学习体会				

任务三　电机控制系统的认识与维护

教学视频

【任务描述】

在纯电动汽车中，电机在控制系统的控制下将电能转换为机械能驱动汽车行驶。电机控制系统是纯电动汽车的重要系统，因此掌握电机控制系统中各组件，如电机控制器等的工作原理和主要功能是纯电动汽车维修技术人员的基本技能。

【任务目标】

1.掌握纯电动汽车电机控制器的工作原理；
2.了解纯电动汽车电机控制器的主要功能；
3.掌握纯电动汽车电机控制器的拆装方法。

【任务准备】

电动汽车要实现加速行驶、定速巡航、能量回收，都要依靠电机控制系统，驾驶员发出的控制指令，都要通过电机控制器来执行，因此可以说电机控制系统是电动汽车的"控制中心"。同时，电机控制系统还具有故障诊断和存储功能。电机控制器是电机控制系统的核心，其位于机舱内，如图4-3-1所示。

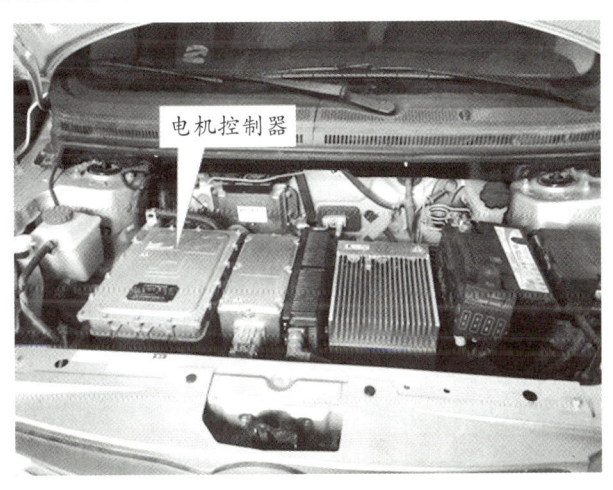

图4-3-1　电机控制器的位置

一、电机控制器的工作原理

在纯电动汽车中，动力电池输出的是直流电，而电机需要交流电来驱动。当纯电动汽车制动或减速行驶时，车轮会带着电机旋转，此时电机作为发电机使用并输出交流电。如果想把这些交流电储存在蓄电池中，就必须将其转换为直流电充给蓄电池。实现这些功能的就是电机控制器。因此电机控制器是一个既能将动力电池中的直流电转换为交流电以驱动电机运转，同时也能将车轮旋转的动能转换为电能给动力电池充电的设备。纯电动汽车电机控制原理如图4-3-2所示。

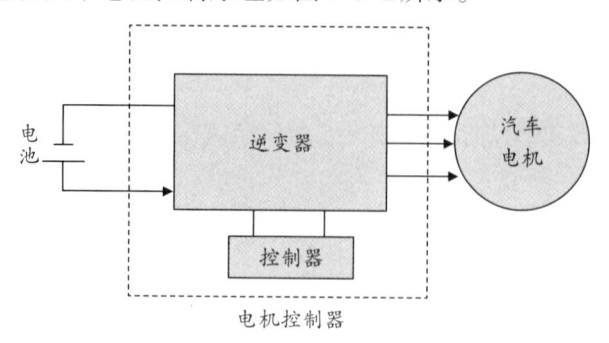

图4-3-2 纯电动汽车电机控制原理图示

为了实现逆变过程，电子控制器需要直流母线电容、IGBT等组件一起配合工作。当电流从动力电池端输出之后，首先需要通过直流母线电容消除谐波分量。接着，通过控制IGBT的开关和其他控制单元的配合，直流电最终逆变成交流电，作为电机的输入电流。图4-3-3是一个典型的纯电动汽车动力系统控制图，红色线为高压动力线，分别作为输入接口用于连接动力电池包高压接口，作为高压输出接口连接电机，提供控制电源。蓝色线是低压通信线，所有通信线、传感器、低压电源等都要通过低压接头引出，连接至整车控制器和电池管理系统。

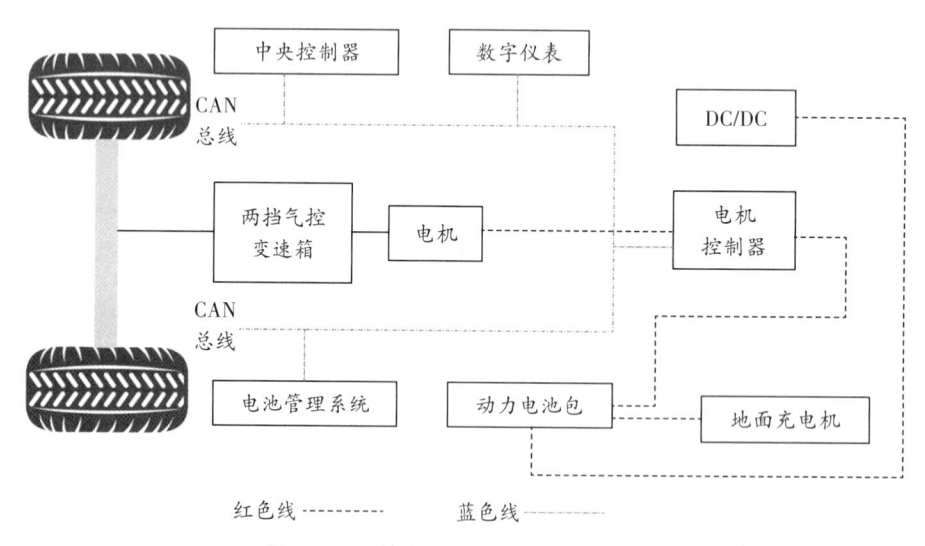

图4-3-3 纯电动汽车动力系统控制图

二、电机控制器的结构

电机控制器内部主要由电源板、控制板、驱动板、IGBT功率模块、放电电阻、超级电容和一些传感器(比如电流传感器、温度传感器、旋变信号传感器)等组成。

其中电源板的主要作用是对控制板检测电路进行供电,比如给霍尔传感器、部分稳压芯片和电阻分压模块供电。

控制板就是驱动电机控制器的控制电路,主要作用是采集电流和电压信号、接收线圈位置和转速信号、对外通信、驱动IGBT驱动板和保护电路。

驱动板主要是控制IGBT的通断,并作为保护装置发挥过压、过流等故障的检测保护功能。

IGBT功率模块是一个功率逆变模块,里面有6个IGBT管,形成三相全桥逆变电路。IGBT管是双向的,所以既能逆变交流电也能整流直流电。

放电电阻的作用是保证系统断电之后,在5分钟内进行安全泄压。

电流传感器的主要作用是检测电机的实际工作电流,包括从电池输入母线的电流和提供给电机的三相交流电。这些电流不仅需要采集,还会显示在仪表盘上。

三、北汽EV车型PEU的外部接插件

北汽EV车型的电机控制器集成在PEU中,PEU外部的接插件如图4-3-4所示。

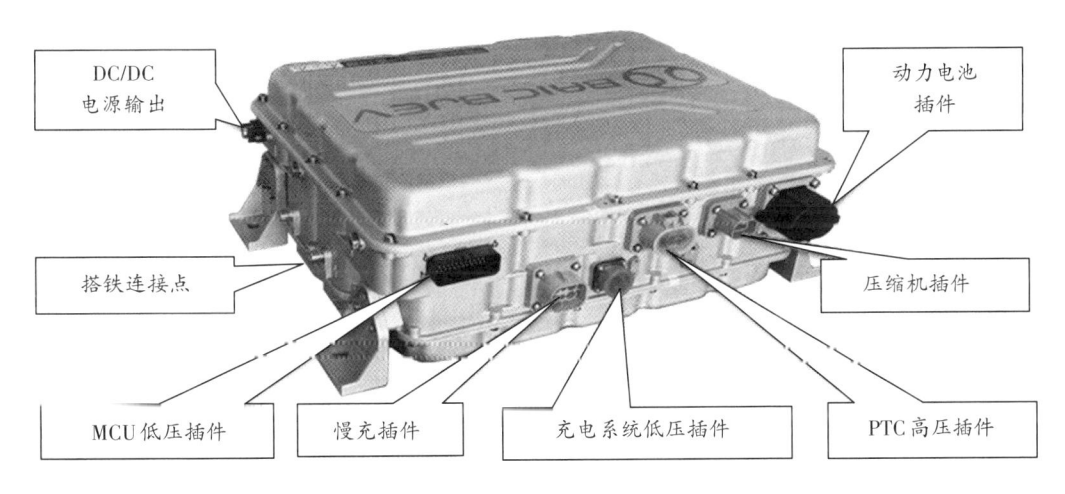

图4-3-4 北汽EV车型PEU的外部接插件

四、电机控制器的主要功能

电机控制器的主要功能包括:控制电机正转(前进)、控制电机反转(倒车)、控制加速/减速、能量回收、通信保护和驻坡(防溜车)等。因此足够智能的电机控制器不仅能保障车辆的安全行驶和精准操控,还能让电池和电机最大程度地发挥实力。

电机控制器接受整车控制器的指令,如前进、倒车、加速、减速、能量回收等指令后,会实时调整驱动电机的输出,同时,将电机转速等信号反馈给仪表盘。当汽车加速行驶或制动时,电机控制器会控制内部逆变器的开关,通过增大或减小逆变器中IGBT开关频率来实现车辆的加速或制动等。电机控制器的其他主要功能如表4-3-1所示。

表4-3-1 电机控制器的主要功能

序号	主要功能	功能描述
1	扭矩控制	根据转矩需求指令,以电机机械转矩输出值为控制目标,对电机系统实施电压或电流控制以满足整车扭矩需求。
2	转速控制	根据转速需求指令,以电机实际机械转速值或误差带为控制目标,对电机系统实施电压或电流控制以满足整车转速需求。
3	电压控制	电压控制模式是一种支持整车"跛行回家"功能的操作模式,在动力电池不可用的情况下,逆变器根据电压需求指令,以直流母线电压为控制目标,对电机系统实施电压或电流控制以满足整车电压需求,为DC/DC提供输入功率。
4	主动放电	逆变器将内部直流母线电容内存储的电量进行快速泄放,保证系统高压安全。
5	被动放电	当高压输入切断时,被动放电功能生效,将高压直流供电回路内存储的电量泄放掉,并且不受外部控制。
6	扭矩估算	逆变器通过当前电压、电流、温度等信息,估算实时输出转矩。
7	扭矩能力预测	逆变器通过当前电压、电流、温度等信息,估算实时最大可输出转矩。
8	扭矩降额输出	逆变器根据当前的温度、电压、转速等信息,对电机转矩、功率输出进行限制,以便保护电机系统。
9	诊断功能	逆变器具备传感器诊断、电机诊断、CAN通信诊断、高压回路诊断、低压回路诊断、芯片功能诊断等功能。
10	故障等级管理	具备对故障的分级功能,对不同等级的故障做出不同反馈。

【任务实施】

根据所学知识及参考图片完成以下任务：

任务内容	参考图片
电机控制器的日常维护项目包括： (1)安全防护 目的：检查外观有无磕碰、损坏。 方法：目测电机控制器外壳有无磕碰、划伤、损坏的现象。 (2)电机和电机控制器冷却检查 目的：检查电机和电机控制器冷却液循环制冷效果。 方法：捏紧冷却液管使其内部阻力增大，如果冷却液泵转速变小、声音变小，说明正常；如果无声音变化则说明水道内冷却液没有循环，需放气。 工具：卡环钳子、螺丝刀。 (3)外部检查 目的：清洁电机控制器表面。 方法：使用压缩空气吹净电机控制器表面的灰尘，禁止使用潮湿的布和高压水枪进行清洁。 工具：空气压缩机等。	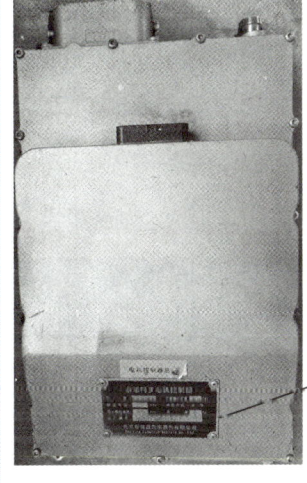
完成电机控制器拆卸： (1)关闭车辆的点火开关。 (2)打开前舱盖，拆下蓄电池负极。 (3)断开车辆维修开关电路，拆下维修开关。常见的维修开关有按钮式和插拔式。本项目中维修开关为_____，位置在_____。 (4)检测断电是否完成(需低于3 V)。在拆下维修开关5~10分钟以后，使用万用表对高压配电盒的正负极进行检测。本次检测结果为_____V。 (5)断开电机控制器周边的电束。操作过程中注意对塑料连接头的保护，特别是使用年限较久的车辆，连接头容易损坏。 (6)拆卸固定电机控制器的螺丝，取出电机控制器。注意轻拿轻放。	 拆下蓄电池负极

项目四　电控系统的认识与维护　87

【任务检测】

填空题

1. 电机控制器能将动力电池中的_____转换为_____以驱动电机。
2. 电机控制器内部主要由_____、_____、_____、_____、_____、_____和一些传感器（比如电流传感器、温度传感器、旋变信号传感器）等组成。
3. _____的主要作用是对控制板检测电路进行供电。
4. _____是检测电机的实际工作电流的部件。

【学习评价】

学习评价表

评价项目	评价标准	学生自评（优、良、中、差）	小组互评（点赞数）	老师评估（是否达成目标）
知识评价	1.了解电机控制系统的工作原理 2.熟悉电机控制系统的结构及作用			
能力评价	1.能通过查询设备手册和互联网等获取电机控制器相关资料 2.能正确拆装电机控制器			
素质评价	1.自主进行"8S"管理 2.具有安全操作意识 3.学习态度认真			
学习体会				

任务四　车载充电系统故障的诊断

教学视频

【任务描述】

纯电动汽车车载充电系统的故障会直接导致车辆无法进行充电,因此掌握车载充电系统常见故障的诊断及排除方法是纯电动汽车维修技术人员必备的技能。

【任务目标】

掌握车载充电系统故障诊断及排除方法,能够排除慢速充电或不充电故障。

【任务准备】

一、认识车载充电系统

纯电动汽车的充电系统主要有两种,一是交流充电系统,即为慢充,二是直流充电系统,即为快充。两种充电系统的组成、工作原理和控制方式各不相同。其中,车载充电机被称为交流充电机,即"慢充",是指固定安装在电动汽车上的充电机,具有为电动汽车动力电池安全、自动充满电的能力。车载充电机能依据电池管理系统提供的数据,动态调节充电电流或电压参数,执行相应的动作,完成充电过程。

二、实际操作所需材料与工具

数字万用表、电动汽车专用诊断仪、教学用车(北汽EV160或EV200纯电动汽车)。

三、注意事项

务必按照老师的指导,合理使用安全绝缘用具,并严格按老师示范动作操作,做到操作安全、正确,防止造成车载充电系统及车辆损坏。

【任务实施】

根据所学知识及参考图片完成以下任务：

任务内容	参考图片
（1）在车辆两侧安置遮拦并由1~2名学生进行环境安全监督； （2）检查充电枪和充电口的各连接端子，确保其无烧蚀和损坏现象； （3）将充电线连接好后，查看车载充电机指示灯状态为_____； （4）检测慢充桩提供的工作电压是否正常（正常工作电压范围在_____V）。	安全防护 充电桩外形
说明充电枪接口各针脚的作用： 1号：_____。 2号：_____。 3号：_____。 4号：_____。 5号：_____。 6号：_____。 7号：_____。	充电枪接口

续表

任务内容	参考图片
（1）若充电机指示灯不亮，应首先测量充电桩端充电枪的针脚和车辆端充电接口针脚的电阻值是否正常，不符合标准的，则更换充电线总成。 （2）本次测试中，充电枪的 N 脚和车辆端的 N 脚电阻为_____Ω，充电枪的 L 脚和车辆端的 L 脚电阻为_____Ω，充电枪的 PE 脚和车辆端的 PE 脚电阻为_____Ω，充电枪的 CP 脚和车辆端的 CP 脚电阻为_____Ω。	 充电桩端充电枪  车辆端充电接口
充电线状态正常，开始充电时，若充电机指示灯仍不亮，应首先检查插件端子有无烧蚀、虚接故障。若无，则继续对充电线束进行检测。	—
检查完充电线束，恢复好设备，进行充电测试。如果充电机的指示灯还不亮，则更换车载充电机。	 车载充电机外观

项目四　电控系统的认识与维护　91

【任务检测】

填空题

1. 慢充桩的正常工作电压范围在_____V。

2. 充电桩端充电枪的N脚和车辆端的N脚导通,阻值应小于_____Ω,否则应更换充电线总成。

3. 检查完充电线束,恢复好设备,进行充电测试。如果充电机的指示灯还不亮,则_____车载充电机。

【学习评价】

学习评价表

评价项目	评价标准	学生自评 (优、良、中、差)	小组互评 (点赞数)	老师评估 (是否达成目标)
知识评价	了解车载充电系统的常见故障			
能力评价	1.能通过查询设备手册和互联网等获取车载充电系统相关资料 2.能够排除慢速充电故障,掌握车载充电系统故障诊断及排除方法			
素质评价	1.自主进行"8S"管理 2.具有安全操作意识 3.学习态度认真			
学习体会				

项目五　辅助系统的认识与维护

【项目目标】

知识目标
1. 了解纯电动汽车辅助系统的分类；
2. 知道纯电动汽车空调系统与燃油汽车空调系统的区别。

能力目标
1. 熟悉空调系统的基本结构、工作原理并能进行简单维护；
2. 熟悉电动助力转向系统的结构、工作原理并能进行简单维护；
3. 熟悉电控制动系统的结构、工作原理并能进行简单维护。

素质目标
1. 通过分组操作，增强合作意识和提升沟通交流能力；
2. 通过学习，激发兴趣，热爱本专业。

【项目准备】

所需工量具
1. 拆装工具，包括世达68件套新能源汽车维修包；
2. 防护用品，包括绝缘服、绝缘手套、绝缘鞋、护目镜等；
3. 诊断检测仪器，包括解码器、万用表等。

所需设备
车辆举升机、博世FSA740。

所需资料
比亚迪海豚新能源汽车维修手册及电路图。

【工作流程】

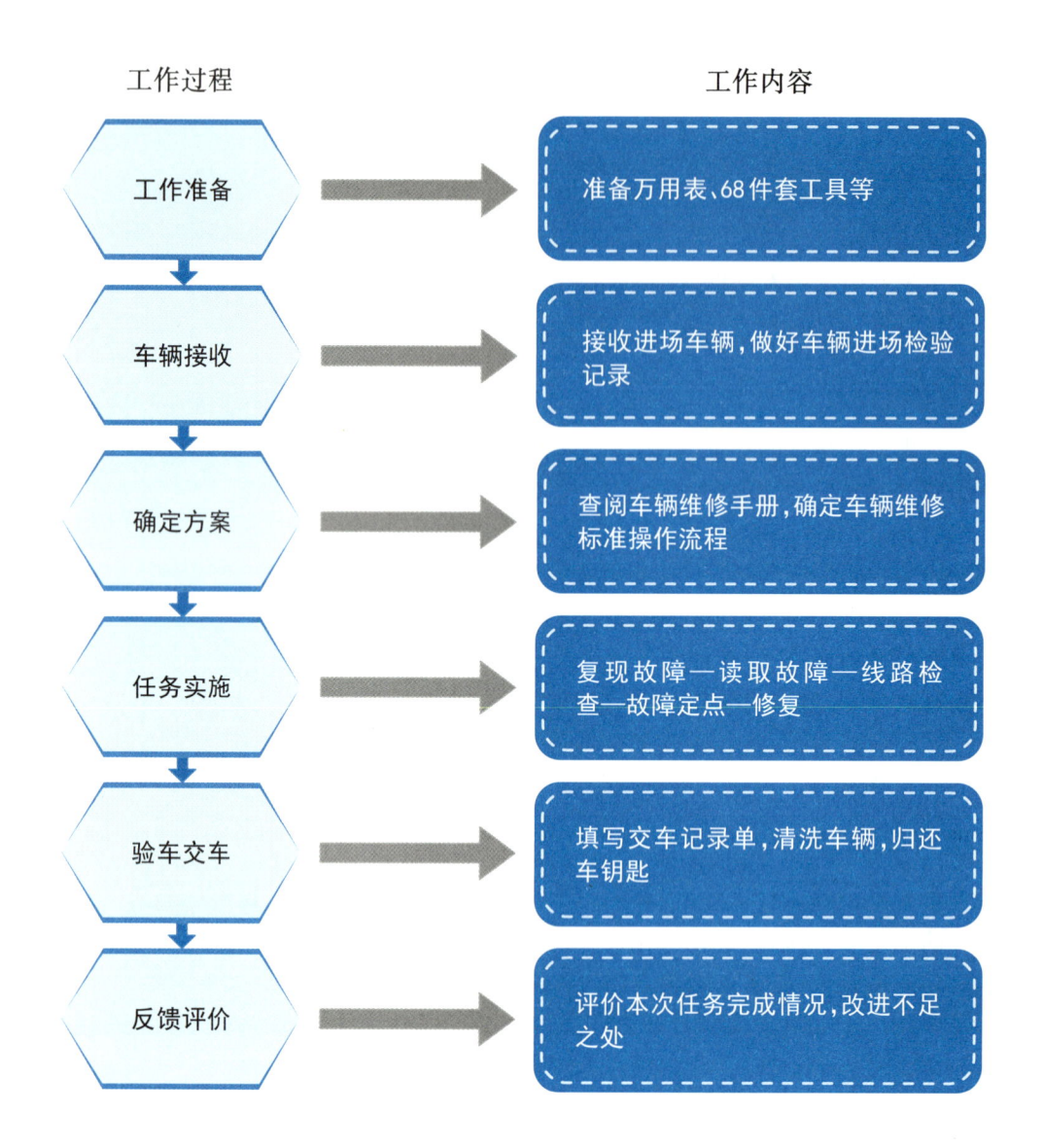

工作过程	工作内容
工作准备	准备万用表、68件套工具等
车辆接收	接收进场车辆,做好车辆进场检验记录
确定方案	查阅车辆维修手册,确定车辆维修标准操作流程
任务实施	复现故障—读取故障—线路检查—故障定点—修复
验车交车	填写交车记录单,清洗车辆,归还车钥匙
反馈评价	评价本次任务完成情况,改进不足之处

任务一　空调系统的认识与维护

【任务描述】

了解纯电动汽车空调系统与传统燃油汽车空调系统的区别,熟悉纯电动汽车空调系统的结构和原理,可为空调的检测和维护提供技术支持。

【任务目标】

在掌握空调系统结构和原理的基础上完成空调系统的常规维修和保养。

【任务准备】

一、空调系统的功能

汽车空调的主要功能是调节驾驶室内的温度和湿度、净化车内空气、对车窗玻璃除霜等。当驾驶员感觉车内温度偏高或者偏低时可以通过空调的制冷装置或制热装置实现降低或升高车内温度的目的。

汽车由于内部空间狭小,行驶中如果不进行空气交换,车内会出现二氧化碳浓度过高、空气质量严重降低的情况,因此汽车空调必须同时具备补充新鲜空气、过滤颗粒物、净化有毒气体等功能。这些任务一般由空调系统的空气过滤、净化装置完成。

二、空调系统的组成与工作原理

（一）纯电动汽车空调系统的组成及与燃油汽车空调的区别

车用空调一般由制冷系统、采暖系统、配气系统、电气控制系统以及空气净化系统组成。

当传统燃油汽车空调制冷时,空调压缩机吸合,皮带将发动机的动力传递给压缩机。当需要提升车内温度时,热源是发动机自身的热量。与传统燃油汽车相比,纯电动汽车没有发动机,整车的动力源于驱动电机。当汽车停止行驶时,电机也停止转动,不能为压缩机提供驱动力,而驱动电机本身产生的热量不足以当作持续稳定的热源,所以,当纯电动汽车制冷或制热时需要通过一定的电力分别提供动力和转换热能。

(二)纯电动汽车空调系统的工作原理

1.空调制冷系统的工作原理

电动压缩机运转,吸入蒸发器出口处的低压低温气态制冷剂,进行压缩以后形成高温高压的气体并随即将其排入冷凝器中,实现与外界空气的热交换,高温高压的气态制冷剂由于压力及温度的降低,被冷凝成液态。液态制冷剂进入储液干燥器干燥和过滤后流入膨胀阀,经过膨胀阀的节流(体积变大),压力和温度急剧下降,高温高压的液态制冷剂随即变成低温低压的雾状气液混合状态,进入蒸发器,此时制冷剂的沸点远低于蒸发器内的温度,故气液混合制冷剂完全蒸发成气态,在蒸发过程中大量吸收周围的热量。鼓风机将蒸发器周围的冷空气通过管道泵入车内,达到车内制冷的目的。至此,空调系统完成一个制冷循环,如图5-1-1所示。

在制冷系统中,电动压缩机输出侧、高压管路、冷凝器、储液干燥器构成了高压侧;电动压缩机输入侧、低压管路、蒸发器、膨胀阀构成低压侧。电动压缩机起压缩和输送气态制冷剂的作用。膨胀阀对液态制冷剂起节流降压的作用。冷凝器将制冷剂从压缩机转换来的热量和在蒸发器中吸收的热量散发到大气中。蒸发器是输出冷量的设备。

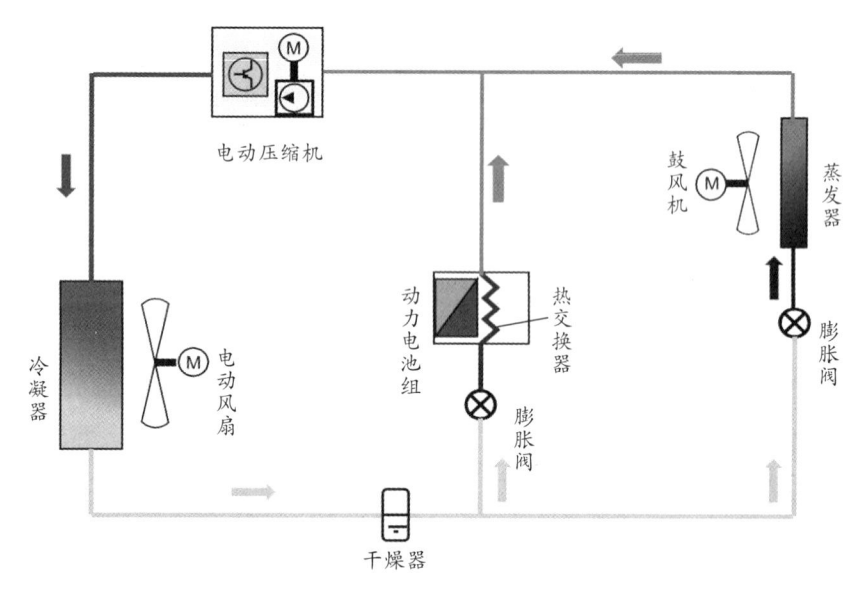

图5-1-1 纯电动汽车空调制冷循环系统

2.空调采暖系统的工作原理

纯电动汽车空调采暖系统的工作原理相较于制冷系统要简单得多。在传统燃油汽车中,多采用发动机热水采暖方式,它的核心部件是加热器芯,散热部分由水管和散热器片组成。采暖系统的工作原理是将发动机的冷却液引入加热器芯,然后通过散热片散发的热量将鼓风机吹来的空气加热,驾驶员通过控制面板控制水阀或者风门的空气比例从而使进入车内的空气温度达到满意程度。传统燃油汽车采暖系统如图5-1-2所示。

众所周知,纯电动汽车没有发动机,其动力来源是驱动电机,整个车上任何部件散发的热量都不足以满足取暖的需求,所以,纯电动汽车需要独立的热源进行供暖。纯电动汽车采用辅助制热的方式进行供暖,比如采用图5-1-3所示的PTC热敏电阻制热,其原理是PTC加热芯工作时产生热量,鼓风机直接把热空气分配到各个出风口;还可以用PTC原件加热冷却液的方式供暖。除此之外,还有热泵加热等方式。辅助制热这种采暖方式其实在内燃机汽车上也有使用,只是多用于客车和载货汽车。图5-1-4为比亚迪海豚纯电动汽车热泵采暖工作原理图。

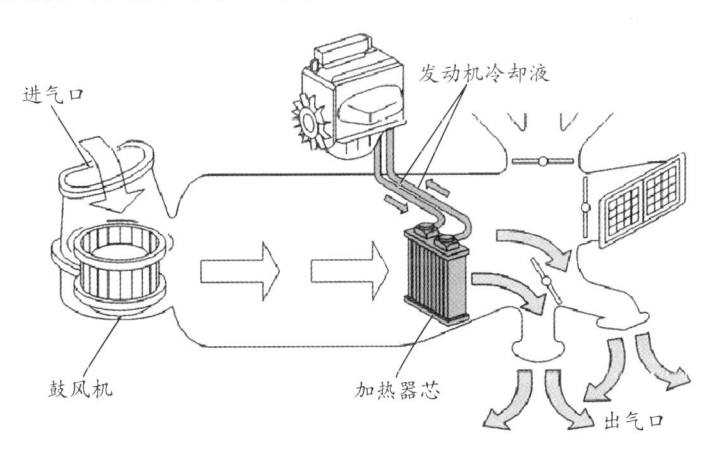

图5-1-2 传统燃油汽车采暖系统

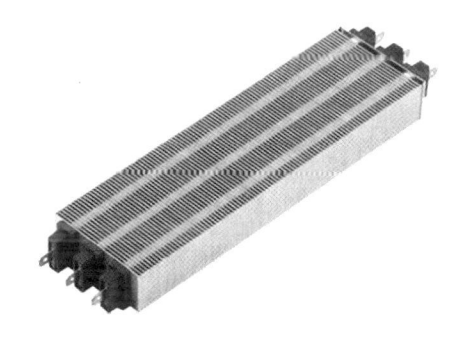

图5-1-3 PTC热敏电阻

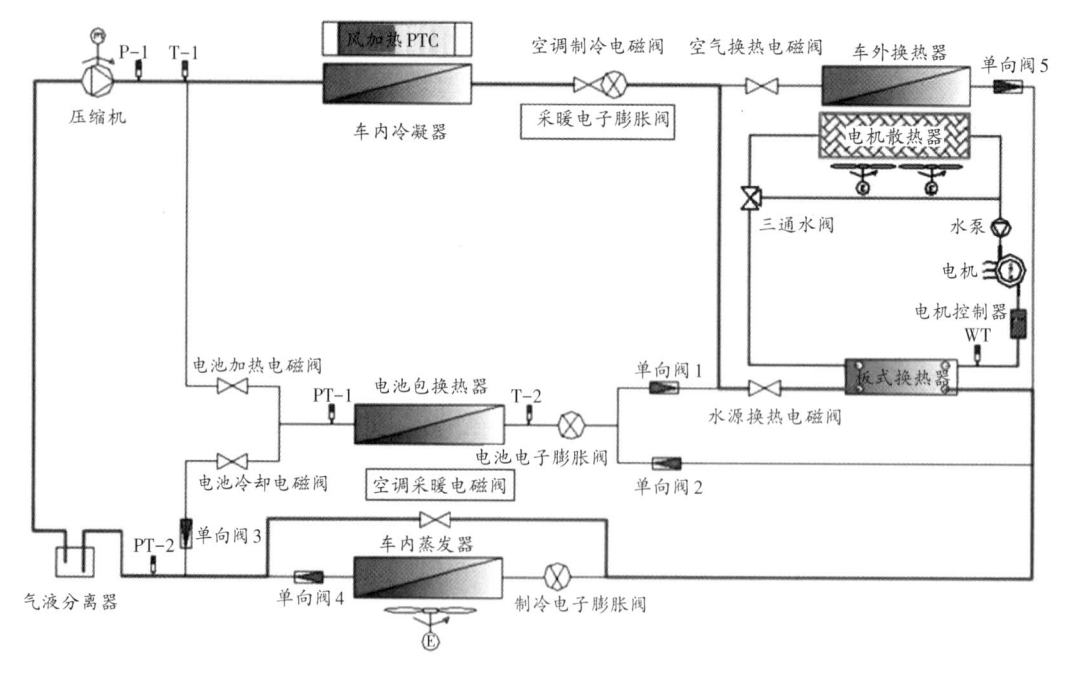

图 5-1-4　比亚迪海豚纯电动汽车热泵采暖工作原理图

3. 空调电气控制系统的工作原理

纯电动汽车的空调电气控制系统主要由电动压缩机控制电路、加热器控制电路、鼓风机控制电路、冷凝器风扇控制电路和配气系统控制电路等组成。当整车控制器采集到空调A/C开关信号、空调压力开关压力信号、蒸发器温度信号、风速信号以及环境温度信号等，经过内部运算处理形成控制信号，控制信号通过CAN线传输给空调各个执行机构，实现电动压缩机的高压通断、风门的开闭、PTC加热器的电路通断等。其工作原理如图5-1-5所示。

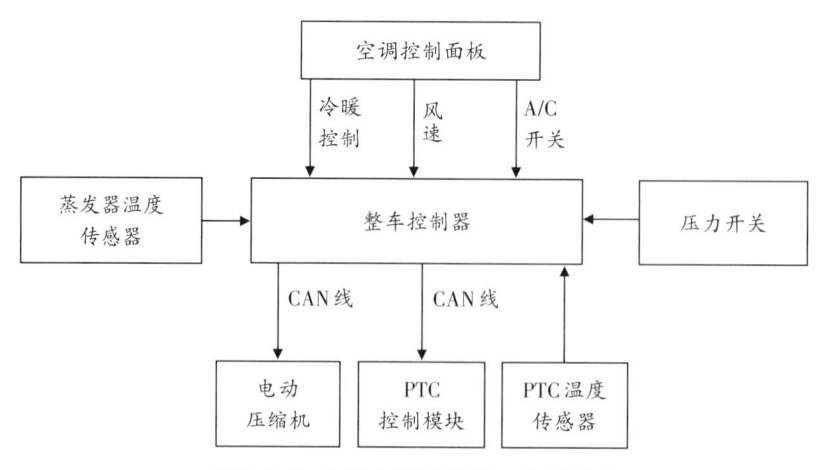

图 5-1-5　空调电气控制系统工作原理图

4.空调通风和净化系统的工作原理

密闭的车内空气中通常含有各种有害物质,如新车散发的甲醛、驾驶员和乘客呼出的二氧化碳、外界进入车内的汽车尾气、环境中的灰尘等,这些都对车内人员的健康不利。因此,对车子内部进行通风,进行空气过滤、净化等就显得十分必要。汽车通风和净化系统是汽车空调系统的重要组成部分。

(1)通风系统。

用新鲜空气交换车内被污染的空气被称为通风。空调通风系统可以有效保证车内空气新鲜,同时通风也可以对风窗玻璃进行除雾。汽车空调通风主要有三种方式:自然通风、强制通风与综合通风。

①自然通风。

汽车空调中的外循环系统指的就是自然通风系统。简单而言,自然通风就是在车子的适当位置开设通气口,包括进气口和排气口,利用汽车行驶过程中车身内外产生的风压差让空气流动起来。通常进气口设在副驾驶的前方,空气经过空气室盖板后通过车身上的进气口后进入室内。排气口也称泄压口,设置在左右侧围钣金上,室内空气从这里流向室外,最终实现在密闭状态下的车内通风换气。通常最自然的通风就是打开风窗或天窗。

如图5-1-6所示,车身内外壁上设有进排气口,利用车辆行驶时产生的风压差,外部空气进入车内,在车内循环后再排出。

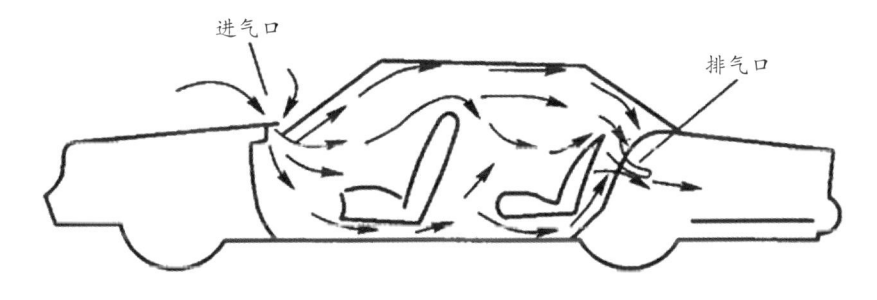

图5-1-6 汽车自然通风示意图

进气口设在正压区,排气口设在负压区,形成空气的自然流动。设置进、排气口时必须保证车内空气略有正压,使车内空气压力略高于外界大气压力,防止有害气体进入车内。如图5-1-7所示,车身外部大多是负压区,但车前的挡风玻璃周围为正压区,所以,进气口应该设置在车前挡风玻璃周围。

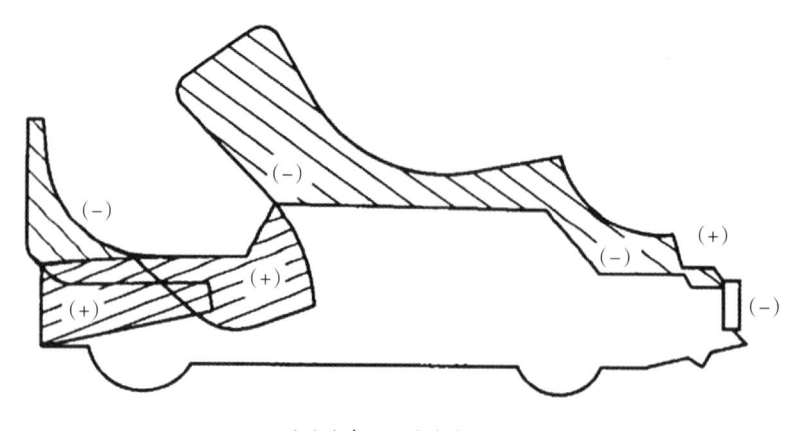

(-)为负压　(+)为正压

如图5-1-7　汽车行驶时正负压分布图

②强制通风。当汽车车速低或停车时,车身内外气压差不明显,仅仅依靠自然通风不能保证车内空气的质量,此时需要强制通风。强制通风的主要部件是鼓风机,鼓风机工作时,将经过净化的车外新鲜空气强制送入车内实现通风换气。

③综合通风。综合通风指汽车上同时采用自然通风和强制通风两种方式进行通风换气。虽然综合通风系统结构复杂,但经济性好。例如,在春秋季节,可用自然通风替代强制通风,达到保证舒适性的目的。目前汽车上基本都采用综合通风方式。

（2）净化系统。

车内空气清洁是驾驶员和乘客对于乘车舒适性的需求,因此汽车空调通风过程中送入车内的空气必须是洁净健康的。空调对输入的空气进行净化的整个系统被称为空调净化系统。汽车空调的空气净化通常采用空气过滤式和静电集尘式两种方式。净化包括两部分,即室外流入室内空气的净化和室内循环空气的净化。净化空气包括祛除粉尘、祛除异味和有害气体等。

①祛除粉尘。

汽车行驶过程中,空气中的粉尘是最大的污染物,空调净化系统对从室外进入室内的空气中的粉尘进行净化,主要采取过滤除尘和静电除尘两种形式。

过滤除尘是在空调系统的送风和回风口处设置空气滤清装置,对粉尘等颗粒物进行过滤,滤清装置中的滤芯如图5-1-8所示。其结构简单,只需要定期清理滤网上的灰尘和杂物即可,目前该种净化装置广泛应用于中低端纯电动汽车中。

图5-1-8　汽车空调滤芯

静电除尘是在空气进口的过滤器后面再设置一套静电除尘装置，它具有过滤、除臭、杀菌等净化空气的作用。过滤器过滤较大的颗粒物，静电集尘器则吸附细小的粉尘。静电除尘是利用高压电极产生的高压电场对空气进行电离，使尘粒带电，然后在电场作用下产生定向运动，沉降在正负电极上，从而实现对空气的过滤除尘。静电集尘式空气净化装置结构复杂、成本高，一般只用在高级纯电动轿车上，其除尘原理如图5-1-9所示。

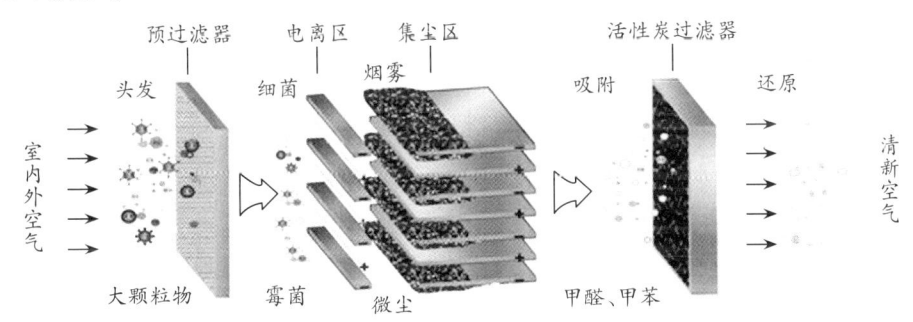

图5-1-9　静电除尘原理图

②祛除异味和有害气体。

空调净化系统祛除异味和有害气体的形式主要有三种，即活性炭祛除法、催化反应器祛除法和负离子发生器祛除法。

活性炭祛除法：利用活性炭去除异味是汽车空调净化空气的主要方法，活性炭能吸附空气中的有气味物质，如汗臭味、烟味等，以及有害的氯化物、硫化物等。

催化反应器祛除法：活性炭对于室外流入室内的空气中的有毒气体，如CO和NO等几乎起不到吸附作用，需要另外的催化反应器对这些气体进行净化。

负离子发生器祛除法：空气中含有的轻离子、中离子、重离子都是带电的，其中带负电荷的离子称为负离子，负离子对人体健康有利。负离子发生器就是利用电晕放电使空气负离子化的装置，目前较高级的汽车一般都配置负离子发生器。

三、空调控制系统的控制原理

电动汽车空调控制系统的控制原理为：空调面板采集温度调节信号、风速调节信号、A/C开关信号和模式循环开关信号，将所采集的所有信号发送给整车控制器（VCU），然后VCU根据所接收到的信号，并结合电池管理系统（BMS）发送的电池信息等，按照预设的逻辑对压缩机、PTC加热器、冷凝器和散热风扇进行控制，以实现空调控制功能。

（一）开关控制

（1）当汽车在行驶时，VCU判断车辆剩余电量是否低于预设值，若低于该值，则VCU通过仪表数据对驾驶员进行提示，提醒驾驶员可通过关闭空调来达到延长续驶里程的目的。

（2）当车辆静止时，VCU通过CAN线从BMS获得动力电池的信息，根据动力电池剩余电量和最大可放电功率来判断电动压缩机是否可以工作。一般来讲，当动力电池的剩余电量低于5%或者最大可放电功率小于6 kW时，空调系统不可用。

（3）当汽车在充电时，VCU根据BMS发送的剩余电量信息，判断是否可以使用空调。当电池剩余电量低于10%时，空调被禁止使用。

（4）当空调在使用时，如果动力电池剩余电量低于5%，VCU会判定空调停止工作，从而防止动力电池电量过放。

（二）模式控制

1.待机模式

当A/C开关按钮、内循环按钮或风速调节旋钮均未开启时，VCU不会发送控制信号给压缩机或者PTC加热器，此时空调处于待机模式。

2.制冷模式

当A/C按钮被按下时，VCU通过CAN线向压缩机控制器发送使能命令和转速信号（通过占空比控制）。压缩机的转速与冷暖风门位置呈非线性关系，温度调节旋钮越偏向低温侧，压缩机转速就会越快。另外，VCU根据A/C信号、冷暖信号、制冷压力信号等来控制冷凝器风扇转速，防止系统压力过高。一般来讲，A/C按钮被按下后，鼓风机不会马上工作，而是等待蒸发器周围的温度下降后才会开始工作。当驾驶员通过A/C开关关闭电动压缩机后，压缩机停止工作，VCU仍会控制散热风扇继续对蒸发器散热一段时间。

3.制热模式

当温度调节旋钮旋向高温侧,同时风速旋钮开启时,VCU会通过CAN线向PTC加热器发送使能命令和运行功率。PTC加热器的运行功率与冷暖风门位置呈非线性关系,温度调节旋钮越偏向高温侧,PTC加热器的运行功率就会越高。当驾驶员通过A/C开关关闭PTC加热器后,PTC加热器停止工作,VCU仍会控制散热风扇继续对PTC加热器散热一段时间。开始制热时,鼓风机不会马上工作,等PTC加热器加热到一定程度后才开始运行。

(三)保护设置

(1)当连续按动A/C按钮时,VCU会判断连续两次动作的间隔时间是否大于设定值,若满足条件,则VCU向压缩机发出使能命令,否则需要延迟到设定等待时间以后才能发出信号,以保护压缩机,延长使用寿命。

(2)当动力电池的电压过低或过高时,控制器将自动切断电路以保护电池和压缩机。当电压恢复到正常范围时,电路连通,压缩机正常运行。

(3)当电路中电流过高时,控制器将自动切断电路以保护电池和压缩机。当电流恢复到正常范围时,电路连通,压缩机正常运行。

(4)当车外温度低于某一设定值时,压缩机停止工作,以防止动力电池电量的无谓损耗。

(5)当空调压力开关检测到系统压力过高或过低时,压缩机停止工作,防止压缩机损坏导致空调系统瘫痪。

四、空调系统的维护

(一)PTC加热器的分类

纯电动汽车空调的PTC加热器可以分为陶瓷PTC加热器和金属PTC管状加热器。

1.陶瓷PTC加热器

陶瓷PTC加热器是将多个陶瓷PTC芯片及铝波纹散热片用耐高温树脂黏结在一起的加热器,其散热性能好,电气性能稳定。黏结式的陶瓷PTC加热器又分为表面带电型和表面不带电型两种。采用PTC陶瓷发热体制造的暖风机具有优异的调温与节能特性、极低的热惯性、无明火无辐射的安全性和良好的抗震性等优点。

2.金属PTC管状加热器

金属PTC管状加热器以镍铁合金丝作为发热材料,发热管外镶有铝制散热片,其散热效果非常好。加热器配备了温度控制器和热熔断器,使得产品使用起来更加安全可靠。一些燃油汽车也装备了此类加热器作为辅助加热暖风装置,如凯美瑞、卡罗拉等。

(二)PTC加热器故障类型及原因

1.PTC不工作,出风口没有热风输出。原因分析：

(1)PTC加热器断路；

(2)PTC控制回路断路；

(3)内部短路至高压熔丝熔断。

2.PTC过热,出风口温度很高且闻到塑料糊味。原因分析：

PTC控制模块损坏,不能正常断开。

(三)PTC加热器故障排除流程

1.确认驾驶员操作是否正常；

2.利用故障诊断仪进行故障提示,若为线路断路或者短路,诊断仪会进行提示；

3.若故障诊断仪无提示,需检查线路是否连接正常；

4.检查高压熔丝是否正常；

5.必要时,整车下电检查PTC加热器及控制模块。

【任务实施】

1.根据技术规范,完成任务准备清单

(1)列举出本次任务需要使用的劳保用品：	
(2)列举出本次任务需要使用的工具设备：	
(3)列举出本次任务需要使用的资料、辅料、耗材：	

2.根据技术资料,完善以下操作步骤(实训车辆：北汽EX360)

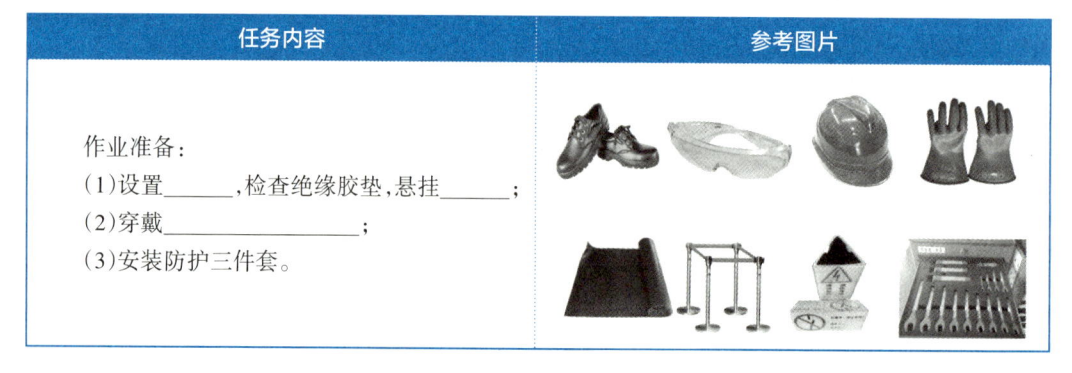

任务内容	参考图片
作业准备： (1)设置_____,检查绝缘胶垫,悬挂_____； (2)穿戴_____； (3)安装防护三件套。	

续表

任务内容	参考图片
下电操作： (1)穿戴安全防护套装； (2)断开动力电池的_____； (3)依次拆下动力电池总正、总负和电压线束插头； (4)拔下PTC加热器高压线束的插头，本车型的PTC加热器高压线束插头在_____。	
PTC低压线束拆除： (1)拔下低压_____； (2)拆下PTC加热器搭铁端。	
更换PTC： (1)卸下螺栓，抽出加热器总成； (2)装入新加热器总成。	
故障消除验证： (1)打开空调制热模式，将温度控制旋钮调至最热位置； (2)将鼓风机调至适当风速； (3)观察和感受各出风口温度，如正常，说明PTC加热器经维护后工作正常。	
恢复现场： 关闭空调，取下防护套件，检查车辆外观，将工具、设备归位。	—

【任务检测】

1.检测内容:务必按照老师的指导,合理使用安全绝缘用具,并严格按老师的示范动作完成电动汽车空调的PTC加热器的更换。

2.操作时间:40分钟。

3.操作步骤记录:

___

___

___

___

【学习评价】

学习评价表

评价项目	评价标准	学生自评 (优、良、中、差)	小组互评 (点赞数)	老师评估 (是否达成目标)
知识评价	1.知道PTC加热器高低压接头的作用 2.熟悉PTC加热器更换步骤和注意事项			
能力评价	1.能通过查询设备手册和互联网等获得PTC加热器相关资料 2.能正确按照步骤更换PTC加热器,并做好相关防护工作			
素质评价	1.自主进行"8S"管理 2.具有团队协作精神 3.学习态度认真			
学习体会				

任务二　空调制冷系统通信故障的诊断

【任务描述】

制冷系统通信故障是相对较为复杂的故障,该故障不影响车辆正常行驶,异常表现为空调开关正常、鼓风机工作正常、仪表无故障提示,但是无制冷效果。针对此故障维修人员需要运用故障诊断仪读取故障码、运用万用表读取终端电阻值、运用示波器确定问题及原因,并最终排除故障。

【任务目标】

根据行业验收标准修复故障线路,达到交车标准,满足顾客需求。

【任务准备】

一、本次任务需要使用的劳保用品

准备绝缘手套、绝缘鞋、绝缘服、绝缘帽、绝缘地垫、警示牌、防护栏。

二、本次任务需要使用的工具设备

准备博世 FSA740、解码器(故障诊断仪)、万用表、防护三件套。

三、本次任务需要使用的资料、辅料、耗材

准备维修手册、整车电路图、15 A 和 10 A 熔丝(保险丝)各 2 个、CAN 导线 1 m、热缩管 0.5 m 及配套热风枪。

【任务实施】

根据技术资料,完善以下操作步骤(实训车辆为比亚迪海豚):

任务内容	参考图片
作业准备: (1)设置_____,检查绝缘胶垫,悬挂_____; (2)穿戴_____; (3)安装防护三件套。	

项目五　辅助系统的认识与维护　107

续表

任务内容	参考图片
故障识别： (1)使空调运行,复现故障现象； (2)使用解码器,读取故障代码,获得的故障类型是_____。	
维修手册查询： (1)找到空调不制冷故障检测页面； (2)查找空调压缩机控制模块接头的编号,其为_____； (3)根据电路图锁定接头位置。	
拔下压缩机控制模块接头： (1)举升车辆； (2)拆下护板； (3)拔下压缩机控制模块接头； (4)降下车辆使车辆与绝缘地垫接触。	
供电线路检查： (1)测量压缩机保险丝电阻,正常值为_____,如若异常需及时更换； (2)接头各针脚的含义：_____； (3)12 V供电线电压正常为_____,若异常需要检查供电线路。	

续表

任务内容	参考图片
搭铁线检查： (1)整车下电,包括12 V电池负极； (2)测量搭铁线电阻,正常为_____,若异常需检查搭铁情况； (3)连接12 V电池负极。	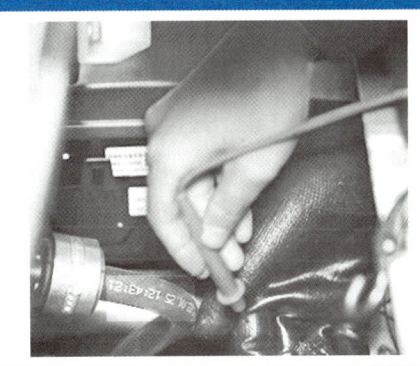
CAN线信号检查： (1)利用博世FSA740检查CAN-H、CAN-L波形； (2)根据波形判定故障原因。	
线路修复： (1)如需脱开CAN导线,需要与下个压接节点保持大小于____mm的距离； (2)维修CAN导线时,只允许解开绞合的最长长度为____mm； (3)接点与总线断开时一定要留出____mm,不要在接点处断开。	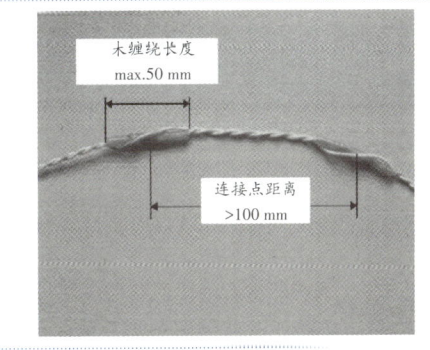
故障消除验证： (1)断开12 V电池负极； (2)测量终端电阻,正常为_____； (3)使12 V电池负极保持连接,测量电压,CAN-H、CAN-L的正常电压为_____、_____。	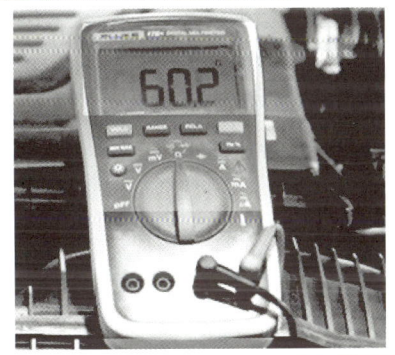

项目五 辅助系统的认识与维护　109

续表

任务内容	参考图片
恢复现场： 关闭空调，取下防护套件，检查车辆外观，将工具、设备归位。	—

【任务检测】

1.检测内容：按照老师的指导，合理使用安全绝缘用具，并严格按老师的示范动作正确使用设备检测和排除空调制冷系统的通信故障，并达到验收标准。

2.操作时间：60分钟。

3.操作步骤记录：

【学习评价】

学习评价表

评价项目	评价标准	学生自评 （优、良、中、差）	小组互评 （点赞数）	老师评估 （是否达成目标）
知识评价	1.知道FSA740界面CAN导线波形所对应的故障 2.熟悉CAN通信的工作原理			
能力评价	1.能通过查询设备手册和互联网获取空调制冷系统相关资料 2.能正确连接汽车与故障诊断仪，读取故障码			
素质评价	1.自主进行"8S"管理 2.具有团队协作精神 3.学习态度认真			
学习体会				

任务三　电动助力转向系统的认识与维护

【任务描述】

纯电动汽车的助力转向系统与传统燃油汽车的相比,差别主要在于纯电动汽车基本上都使用电动助力转向系统(Electric Power Steering,EPS),辅助电源是由高压电池组提供的。正确认识电动助力转向系统的结构和工作原理,能够为后续的检测和维护工作提供基础。

【任务目标】

1.了解电动助力转向系统的特点;
2.掌握电动助力转向系统的结构;
3.掌握电动助力转向系统的维护方法。

【任务准备】

一、电动助力转向系统的认知

(一)电动助力转向系统的优点

与燃油汽车相比,纯电动汽车没有发动机,助力转向系统的动力来源只能是动力电池,所以纯电动汽车的助力转向系统只能是电动助力转向系统或者电子液压助力转向系统(Electric Hydrostatic Power Steering,EHPS)。目前占主流的电动汽车助力转向系统是EPS。EPS的优点有以下几个方面:

1.提升经济性

在传统燃油汽车上,液压助力转向系统由发动机带动转向油泵,使液压油不停地流动,不管是否有转向操作都要消耗发动机的能量,所以造成了燃油的浪费。而电动助力转向系统只有在转向操作时才需要电机提供能量,因此,与传统燃油汽车的液压助力转向系统相比,电动助力转向系统的经济性更好。在不转向的情况下,装有电动助力转向系统的燃油车,燃油消耗量可降低2.5%,在有转向操作的情况下,燃油消耗量可降低5.5%。

2.增强转向跟随性

电动助力机和助力机构相连,将能量直接用于车轮的转向,该设计利用减震器的作用,使车轮在转向时摆振大大减小,因此,该种转向系统的抗扰能力大大增加。与液压助力转向系统相比较,电动助力转向系统的旋转力矩产生于电机,没有液压助力系统的转向迟滞效应,增强了转向车轮对转向盘的跟随性。

3. 改善转向回正特性

电动助力转向系统可以利用软件最大限度地调整设计参数以使车轮获得最佳的回正特性,对回正过程进行控制,获得从最低车速到最高车速的一组回正特性曲线。通过灵活的软件编程,容易得到电机在不同车速及不同车况下的转矩特性,这种转矩特性使得电动助力转向系统能显著提高转向能力,使得低速时转向盘能够精准地回到中间位置,而且可以抑制高速回正过程中转向盘的振荡和超调,兼顾了车辆高、低速时的回正性能。而在传统的液压控制系统中,要改善这种特性必须改造底盘的机械结构,实现起来有一定困难。

4. 实现转向助力的可变性

传统的液压助力转向系统所提供的转向助力不能随车速的提高而改变,这样就使得车辆在低速时具有良好的转向轻便性,但在高速行驶时由于转向盘太轻容易产生转向"发飘"的现象,驾驶员缺少明显的"路感",降低了高速行驶时车辆的稳定性和驾驶员的安全感。

电动助力转向系统通过软件编程和硬件控制,可得到覆盖整个车速的可变转向力。可变转向力的大小取决于转向力矩和车速。无论汽车停车、低速或高速行驶,系统都能为驾驶员提供可靠的、可控的感觉,更易于驾驶操作。

汽车在低速行驶时,电动助力转向系统可以提供较大的转向助力,车辆转向轻便;跟随车速的提高,电动助力转向系统提供的转向助力逐渐减小,这样就提高了驾驶员的舒适性和转向灵敏性,提高了驾驶员的安全感和车辆的稳定性。

5. 提高操作的稳定性

电动助力转向系统由于采用了微电脑控制,可以针对车辆行驶的各种工况,通过优化助力特性曲线,使得助力更加精确、助力效果更加理想,增加车辆的稳定性。另外,电动汽车还采用阻尼控制减少由路面不平产生的对转向系统的干扰,保障汽车低速行驶时的转向轻便性,提高汽车高速行驶时的转向稳定性,进而提高汽车的主动安全性,使驾驶员有更加舒适的驾驶感。

6. 实现节能环保

电动助力转向系统使用了清洁能源电能,且没有燃油汽车的液压装置,也没有液压油,没有软管、油泵和密封件,因此不存在液压助力转向系统的油液泄漏问题,不会污染环境。液压助力转向系统油管使用的聚合物不能再次回收利用,也易对环境造成污染。

7.提高开发的经济性

电动助力转向系统的前期研发时间长，但是一旦设计完成，使用中针对不同车型只需要通过修改相应的程序，就可快速实现与特定车型的匹配，不但节省了费用，也为设计不同的系统提供了极大的方便，有利于车企实现降本增效，提高开发的经济性。

8.提升生产装配效率

电动助力转向系统没有液压油泵、油缸、管路和储液罐等部件，而且可以将电机、减速机构与转向柱、转向器做成一个整体，使得整个转向系统结构紧凑，零部件数目大大减少，减少了装配工作量，节省了装配时间，提高了生产效率。同时，也利于维护保养。

（二）电动助力转向系统的缺点

1.故障率高

虽然电动助力转向技术已经非常成熟，但是与纯机械转向系统相比存在故障率高的缺点。尤其是在驾驶工况较为激烈的情况下，助力电机容易出现过载，影响助力系统工作，所以很多涉及激烈驾驶工况的车都还是使用液压助力转向系统。

2.功率不足

电动助力转向电机的电源电压一般为12 V，虽然可以通过搭载不同的减速机构改变助力电机的承载能力，但是对于转向负荷较大的车辆该种电机还是显得有些力不从心。只有在搭载高容量电池的混合动力车或电动车上，才有希望匹配大功率的助力转向电机，从而提升功率。

二、电动助力转向系统的分类

电动助力转向系统按照辅助电机的布置方式不同可分为转向柱助力式、小齿轮助力式和齿条助力式三种。

1.转向柱助力式（C-EPS）

转向柱助力式转向系统的转矩传感器、电机、离合器和转向助力机构是一个整体，安装在转向柱上。这种助力方式的助力转矩经过了转向器的放大，因此要求电机的减速机构传动比相对较小；电机布置在驾驶室内，工作环境好，对电机的密封性要求低；电机安装位置离驾驶员较近，所以要求电机的噪声一定要小；由于电机距离转向盘近，电机的力矩波动容易直接传递到转向盘上，导致转向盘抖动，使驾驶员手感较差；由于助力转矩通过转向管柱传递，因此要求转向管柱有较大的刚度和强度。总之，这种助力方式比较适合前轴负荷较小的微型轿车。

2.小齿轮助力式(P-EPS)

小齿轮助力式转向系统的转矩传感器、电机、离合器和转向助力机构也为一个整体,只是安装在转向小齿轮处,直接给小齿轮助力,使得车辆能够获得较大的转向力。其结构如图5-3-1所示。

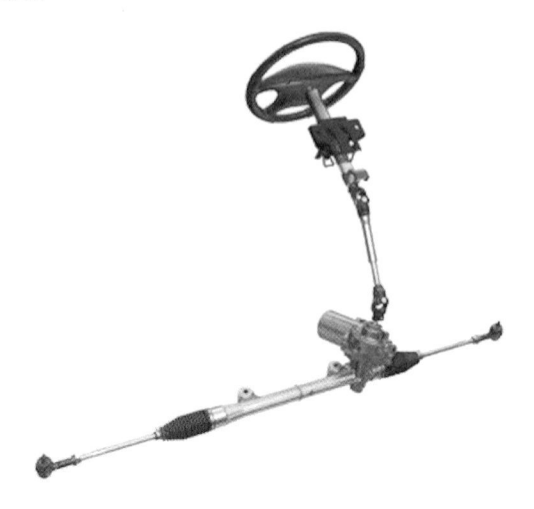

图5-3-1 小齿轮助力式转向系统

此助力方式的助力转矩也经过了转向器放大,因此要求电机的减速机构传动比相对较小;电机安装在发动机舱内,工作环境差,对电机的密封性要求高;电机的安装位置距离驾驶员较远,对电机的噪声要求不高,电机的力矩波动也不会轻易传递到转向盘上,不影响驾驶员的驾驶;助力转矩不通过转向管柱传递,因此对转向管柱的刚度和强度要求较低。此类助力方式比较适合前轴负荷中等的轻型轿车。

3.齿条助力式(R-EPS)

齿条助力式转向系统的转矩传感器单独安装在小齿轮处,电机与转向助力机构一起安装在小齿轮另一端的齿条处,用以给齿条助力。

此助力方式的助力转矩作用在齿条上,助力转矩没有经过转向器的放大,因此要求电机的减速机构具有较大的传动比,减速机构相对较大;电机布置在发动机舱内,工作环境差,对电机密封性要求较高;电机的安装位置离驾驶员较远,对电机的噪声要求不高,电机的力矩波动也不易传递到转向盘上,不影响驾驶员的驾驶;助力转矩不通过转向管柱传递,因此对转向管柱的刚度和强度要求较低。这种助力方式比较适合前轴负荷较大的高级轿车和货车。

三、电动助力转向系统的结构

如图5-3-2所示,电动助力转向系统主要由转矩传感器、转向机、助力电机、线束和电子控制单元ECU等组成。

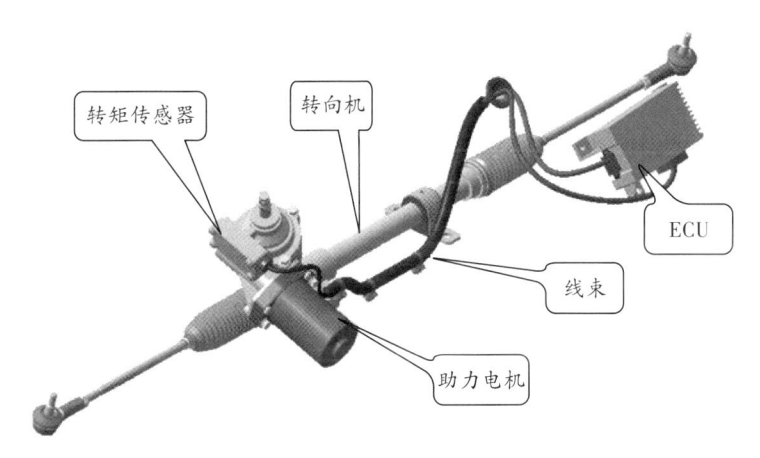

图5-3-2 电动助力转向系统的结构

电动助力转向系统的工作过程是转矩传感器探测驾驶员转向操作时转向盘产生的转矩或转角的大小和方向,并将所获取的信息转化成数字信号输入电子控制单元,电子控制单元对信号进行运算后得到一个与行驶工况相适应的力矩,并发出指令驱动助力电机工作,助力电机的输出转矩通过传动装置的作用而助力。

转矩传感器是电动助力转向系统中最重要的部件之一。转矩传感器的种类很多,主要有电位计式转矩传感器、金属电阻应变片式转矩传感器和非接触式转矩传感器等。随着科学技术的进步将会有精度更高、成本更低的转矩传感器出现。

1.转矩传感器

转矩传感器用来检测转向盘转矩的大小和方向,以及转向盘转角的大小和方向,它是电动助力转向系统的重要组成部分。精确、可靠、低成本的转矩传感器是决定电动助力转向系统占领市场的关键因素。转矩传感器主要有接触式和非接触式两种。接触式转矩传感器的成本较低,但是信号精确度易受温度与磨损影响,难以实现绝对转角和角速度的测量,而且使用寿命较短。而非接触式转矩传感器有测量精度高、抗干扰能力强、刚度较高、容易测量绝对转角和角速度等优点,但是成本高。

2.助力电机

助力电机根据控制单元的指令输出适宜的转矩,一般采用无刷永磁电机。无刷永磁电机具有无励磁损耗、效率高、体积较小等特点。助力电机是电动助力转向系统的核心部件之一,对电动助力转向系统的性能有很大影响。由于控制系统需要根据不同的工况提供不同的助力力矩,所以助力电机应具有良好的动态特性。

四、电动助力转向系统的工作原理

电动助力转向系统的基本工作原理是:当转向盘转动时,转矩传感器和车速传感器分别测出驾驶员施加在转向盘上的转向力和当前车辆的行驶速度(回正时还需要用到角度传感器),转矩传感器将检测到的转矩信号连同车速等信号转化为电信号发送至电子控制单元,电子控制单元根据内部的控制逻辑,计算出当前需要的理想助力力矩,再换算出相应的电流,从而驱动助力电机运行,助力电机产生的助力力矩再经过涡轮蜗杆减速机构减速增扭后传送到机械式转向系统,与驾驶员的转动力一起克服转向阻力,从而实现转向的目的。

当汽车上电后,电子控制单元对电动助力转向系统进行检查,检查通过后,闭合继电器和离合器,电动助力转向系统开始工作。当转向盘转动时,转向轴上的转角传感器和转矩传感器把测到的方向转角和力矩传递给电子控制单元,电子控制单元根据这两个信号并结合车速等信号,控制助力电机产生助力力矩,实现在所有速度范围内的最佳控制。在汽车低速行驶时,减轻转向力,保证汽车转向灵活、轻便;在汽车高速行驶时,适当增加阻尼控制,保证转向稳重、可靠。电动助力转向系统的工作原理如图5-3-3所示。

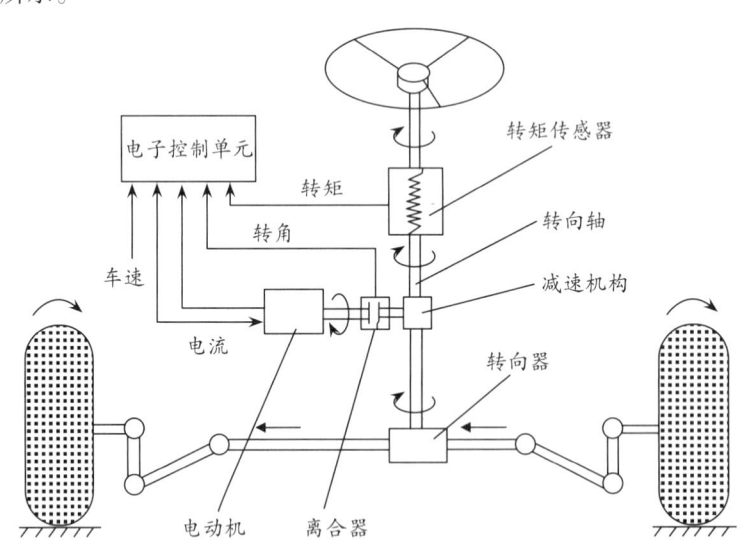

图5-3-3 电动助力转向系统的工作原理示意图

【任务实施】

根据所学知识及参考图片完成以下任务：

任务内容	参考图片
前后左右晃动转向盘，检查转向盘旷动情况：检查_____。 如果发现缺陷，应_____。	
检查转向盘的自由间隙，其范围为_____。如果转向盘的运动不在规定自由间隙范围内，检查_____。 如果发现缺陷及时更换_____。	自由行程 30° 最大自由行程
（1）将汽车停放在水平路面上，转向盘放置在平直位置，应检查_____是否符合指定要求。 （2）启动车辆，将钥匙置于_____挡时，从相切方向用弹簧秤钩住转向盘，匀速拉动使其转向，转向力至少为_____。	

项目五 辅助系统的认识与维护 117

续表

任务内容	参考图片
转向横拉杆状态的检查： （1）举升车辆（车轮悬空），通过摆动车轮和_____来检查拉杆球头间隙。 （2）检查_____的固定螺母（图中②）是否牢固。 （3）检查转向横拉杆的_____（图中①）有无损坏，以及安装位置是否正确。	
转向助力功能检查： （1）在道路上试车，通过原地转向、低速行驶转向，检测转向时方向_____等情况。 （2）将转向盘分别向左右打至极限位置，检测是否有_____、转向机异响等情况。	—

【任务检测】

1.检测内容：按照老师的指导，合理使用安全绝缘用具，并严格按老师的示范动作安全、正确地进行电动助力转向系统的故障检测及维护，同时防止造成助力转向线路损坏及操作人员伤害。

2.操作时间：60分钟。

3.完成操作步骤记录：

步骤	操作	是	否
（1）	主熔丝和线路熔丝是否完好。		
（2）	①打开点火开关； ②检查终端"D_8信号端"与控制盒体接地之间的电压； ③确认测得的电压是否为电池电压。		
（3）	①检查终端"A_1电源端"与控制盒体接地之间的电压； ②确认测得的电压是否为电池电压。		
（4）	在整车无助力的情况下是否可以行驶。		
（5）	插头与电动助力转向系统控制盒之间的连接是否牢靠。		

4.分析检测任务完成以下问题。

(1)转向盘转向沉重的原因是＿＿＿＿＿＿＿＿＿＿＿＿＿＿＿＿＿＿＿＿＿，
维修方法是＿＿＿＿＿＿＿＿＿＿＿＿＿＿＿＿＿＿＿＿＿＿＿＿＿＿＿＿＿＿＿。

(2)转向盘正位,车辆准备直行时却偏向一侧。该问题的主要原因是＿＿＿＿＿
＿＿＿＿＿＿＿＿＿＿＿＿＿＿＿＿＿＿＿＿＿＿＿,维修方法是＿＿＿＿＿＿
＿＿＿＿＿＿＿＿＿＿＿＿＿＿＿＿＿＿＿＿＿＿＿＿＿＿＿＿＿＿＿＿＿＿＿。

(3)转向盘转向不平顺的原因是＿＿＿＿＿＿＿＿＿＿＿＿＿＿＿＿＿＿＿＿＿,
维修方法是 ＿＿＿＿＿＿＿＿＿＿＿＿＿＿＿＿＿＿＿＿＿＿＿＿＿＿＿＿＿＿。

【学习评价】

学习评价表

评价项目	评价标准	学生自评 (优、良、中、差)	小组互评 (点赞数)	老师评估 (是否达成目标)
知识评价	1.熟悉电动助力转向系统组件的名称、作用 2.了解电动助力转向系统的工作原理			
能力评价	能结合转向盘出现的问题进行故障排查及维护			
素质评价	1.自主进行"8S"管理 2.具有团队协作精神 3.学习态度认真			
学习体会				

任务四　制动系统的认识与维护

【任务描述】

制动系统是安全行车的重要保证，其好坏直接影响驾驶员、乘客及其他人员的生命和财产安全。纯电动汽车制动系统的检修主要指对制动盘、制动摩擦片、制动踏板以及制动控制线路的检查、维护、更换等。

【任务目标】

1. 知道纯电动汽车制动系统的结构及其工作原理；
2. 掌握纯电动汽车制动系统的检修方法及要点。

【任务准备】

一、纯电动汽车制动系统概述

制动系统的作用是使行驶中的汽车按照驾驶员的要求进行强制减速甚至停车，使已停驶的汽车在各种道路条件下稳定驻车。

纯电动汽车的制动系统由供能装置、控制装置、传动装置、制动器四部分组成。供能装置包括供给、调节制动所需能量以及改善传动介质状态的各种部件；控制装置包括用来产生制动动作和控制制动效果的各种部件，如制动踏板等；传动装置包括将制动能量传输到制动器的各个部件，如制动主缸、轮缸等；制动器是阻碍车辆运动或运动趋势的部件。制动系统的控制线路及传动介质如图5-4-1所示。

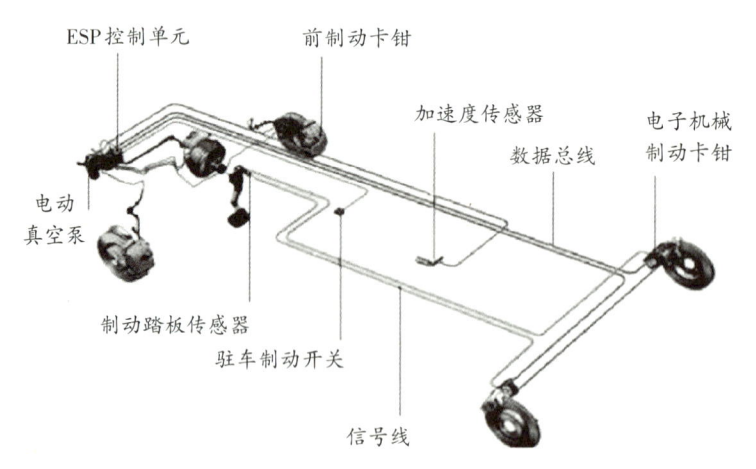

图5-4-1　制动系统控制线路及传动介质

纯电动汽车制动系统与传统燃油汽车制动系统的区别不大,主要不同之处在于纯电动汽车在传统燃油汽车液压制动系统的基础上增加了电动真空助力系统,以及采用了制动能量回收模式。

二、纯电动汽车制动系统的结构与工作原理

(一)纯电动汽车制动系统的结构

绝大多数汽车采用真空助力制动系统,人力和助力并用。真空助力器是真空助力系统的主要部件,其利用前后腔的压力差提供助力。传统汽车真空助力装置的真空状态可以通过进气歧管的负压来实现,真空负压一般可达到0.05~0.07 MPa。纯电动汽车由于没有发动机总成,也就没有了传统的真空源,但仅由人力所提供的制动力无法满足行车制动的需要,通常需要单独设计一个包括电动真空泵的系统来实现真空状态。这个系统就是电动真空助力系统(Electric Vacuum Pump,EVP)。

如图5-4-2所示,电动真空助力系统由真空泵、真空罐、真空助力器、真空泵控制器(后期集成到整车控制器VCU里)以及12 V电源组成,所以纯电动汽车制动系统主要由车轮制动器、ABS控制器以及电动真空助力系统等组成。

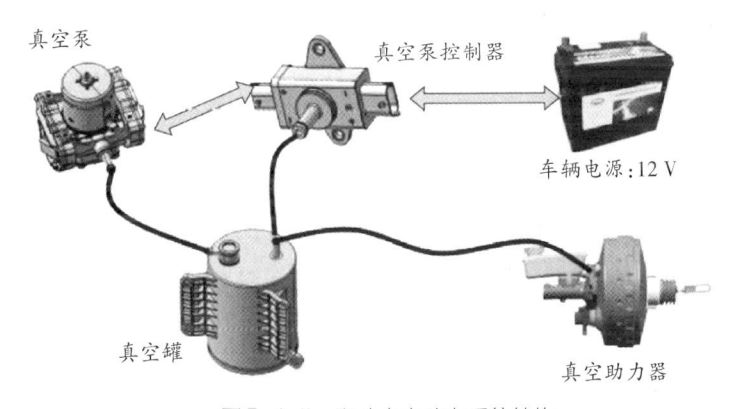

图5-4-2 电动真空助力系统结构

(二)纯电动汽车制动系统的工作原理

按工况不同,纯电动汽车制动系统的工作情况大致可归纳为三种:制动前,电动真空助力系统工作;制动中,电动真空助力系统、车轮制动器和ABS控制器同时工作;制动后,制动能量回收系统工作。

1.制动系统在制动前的工作原理

电动真空助力系统工作过程:当驾驶员启动汽车时,12 V电源接通,电子控制系统

模块开始自检,如果真空罐内的真空度小于设定值,真空压力传感器输出相应电压值至控制器,此时控制器控制电动真空泵开始工作,当真空度达到设定值后,真空压力传感器输出相应电压值至控制器,此时控制器控制真空泵停止工作。当真空罐内的真空度因制动消耗,真空度再次小于设定值时,电动真空泵又开始工作,如此循环。电动真空助力系统性能参数如表5-4-1所示。

表5-4-1　电动真空助力系统性能参数

部件名称	参数
电动真空泵尺寸	214.5 mm×95 mm×114 mm
真空泵直径×高度	ϕ120 mm×226 mm
工作电流	不大于15 A
最大工作电流	不大于25 A
额定电压	12 V 直流电
最大真空度	大于85 kPa
测试容积	2 L
抽至真空度55 kPa,压力形成时间	不大于4 s
抽至真空度70 kPa,压力形成时间	不大于7 s
真空度从40 kPa抽至85 kPa,压力形成时间	不大于4 s
延时模块接通闭合的真空度	55 kPa
延时时间	15 s
使用寿命	30万次
工作环境温度范围	−20—100 ℃
启动温度	−30 ℃
噪声	75 dB
真空罐密封性	在66.7 kPa左右的真空度下,真空压力降 $\Delta P \leqslant 3$ kPa

真空泵的主要工作状况:电线连接好后,接通12 V直流电源,控制器接通真空泵,电机开始工作,当真空度达到55 kPa时真空压力开关闭合,系统输出高电平信号给控制器,控制器在接收到信号后延时10 s,电机停止工作。

真空助力器在非工作的状态下,控制阀推杆回位弹簧将控制阀推杆推到右边的锁片锁定位置,真空阀口处于开启状态,控制阀弹簧使控制阀皮碗与空气阀座紧密接触,从而关闭空气阀口。此时助力器的真空气室和应用气室分别通过活塞体的真空气室通道、应用气室通道经控制阀腔处相通,并与外界大气相隔绝。

2. 制动系统在制动过程中的工作原理

在制动过程中,ABS控制器根据每个车轮速度传感器传来的速度信号,可迅速判断出车轮的抱死状态,关闭开始抱死车轮上面的常开输入电磁阀,让制动力不变。如果车轮继续抱死,则打开常闭输出电磁阀,这个车轮上的制动压力由于直通制动液贮油箱的管路而迅速下降,防止了因制动力过大而将车轮完全抱死。

ABS控制器使趋于抱死车轮的制动压力循环往复地经历一减小一增大的过程,将趋于抱死车轮的滑动率控制在峰值附着系数对应的滑动率附近。在制动系统中每一个制动轮缸分别对应一对进液和出液电磁阀,可由电子控制装置分别对其进行控制,因此,各制动轮缸的制动压力能够被独立调节,让制动状态始终处于最佳点,从而使四个车轮都不发生制动抱死现象。

在制动时,制动踏板被踏下,踏板力经杠杆放大后作用在控制阀推杆上,控制阀推杆回位弹簧被压缩,控制阀推杆连同空气阀柱一起前移。当控制阀推杆前移到控制阀皮碗与真空阀座相接触的位置时,真空阀口关闭,真空助力器的真空气室、应用气室被隔开,此时,空气阀柱端部刚好与反作用盘的表面相接触。随着控制阀推杆的继续前移空气阀口将开启,外界空气经过滤后通过打开的空气阀口及应用气室的通道,进入助力器的应用气室(右气室),制动助力产生。

3. 制动系统在制动后的工作原理

制动能量回收是电动汽车的重要技术之一,也是其重要特点。在普通内燃机汽车上,当车辆减速、制动时,车辆的运动能量通过制动系统而转变为热能,并向大气中释放。而在电动汽车上,这种运动能量可通过制动能量回收技术转变为电能储存于蓄电池中,并进一步转化为驱动能量。一般而言,在车辆非紧急制动的普通制动场合,约1/5的能量可以被回收。

制动能量回收系统包括与车型相适配的发电机、蓄电池以及可以监视电池电量的智能电池管理系统。制动能量回收系统回收的能量除了可用于车辆的加速行驶,还可为车内耗电设备供电,减少能量消耗。

【任务实施】

根据所学知识及相关资料完成以下任务：

1.明确纯电动汽车制动系统的结构及工作原理

纯电动汽车制动系统与传统燃油汽车制动系统在结构上的主要区别有：_____
_____

按工况不同，纯电动汽车制动系统的工作原理大致可归纳为三种，分别是_____
_____

2.纯电动汽车制动系统的检查与维护

任务内容	参考图片
（1）关闭电源，踩几次制动踏板，感受制动踏板的反应灵敏程度，看制动踏板_____ _____。（2）检查制动踏板自由行程：反复踩制动踏板直至助力器中非真空为止，然后用手轻轻按压制动踏板并且使用钢直尺进行测量，并计算出制动踏板的自由行程为_____。	

续表

任务内容	参考图片
（1）卸下车轮及卡钳，但不能将_____从卡钳上取下。 （2）清除摩擦片上的污渍，检查摩擦片厚度，如果摩擦片厚度不符合标准应更换。 （3）检查制动盘时需要先检查_____。清除制动盘上的污渍，在距制动盘面外边缘_____处沿圆周4个等分点用千分尺分别测量制动盘厚度，如图所示。若制动盘厚度不在标准值范围内，必须更换制动盘。 （4）检查制动盘圆跳动量。在离制动盘外缘大约10 mm处放置百分表针尖，转动制动盘，测量轴向圆跳动量。若测得的数值不在标准值范围内，需要更换制动盘。	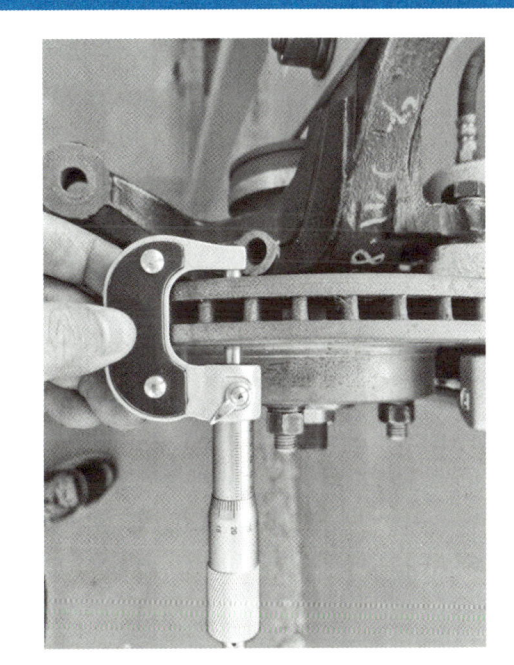
检查制动系统电动真空泵及控制器时，先停稳车辆，再打开启动开关，完全踩下制动踏板，然后踩踏_____，真空泵应正常启动，大约10 s后真空度达到设定值，真空泵应停止运转。制动真空泵运转_____后（反复踩踏制动踏板至真空泵连续运转几次），真空泵应无异响、异味，真空泵控制器插接器、线束应无变形、发热现象。在真空泵运转时，检查真空泵与软管连接处、真空罐与软管连接处_____，检查各软管_____ _____。真空泵如图所示。	

项目五　辅助系统的认识与维护　125

续表

任务内容	参考图片
轮胎规格常用一组数字及字母表示，如图所示 EV200 型汽车搭载的轮胎规格是 195/60R16 89H，表示此轮胎宽_____，扁平率(轮胎断面高度与宽度的比值)_____，16 是该轮胎_____，89 是该轮胎_____，最大载重_____，H 为速度等级，表明轮胎在规定条件下承载规定负荷的最高速度(H 级最高速度为_____)。	
用气压表检测轮胎气压，气压值应符合出厂技术要求。一般在车辆 A 柱下侧处有标签标明该车型轮胎在不同负载下的气压值。EV200 型汽车轮胎的气压值应调整到_____。用轮胎花纹深度尺沿轮胎一周测量若干部位，如图所示，花纹最小深度应不小于_____，否则应更换轮胎。	

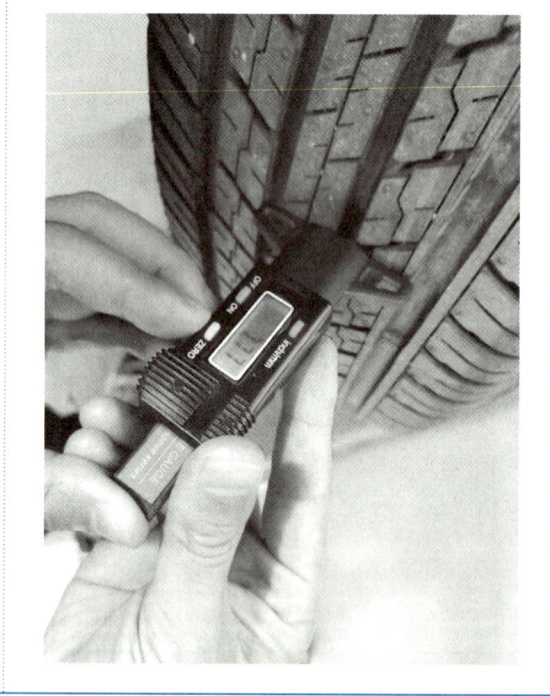

续表

任务内容	参考图片
(1)一般车辆每行驶_____km应进行一次轮胎换位。对于一般的前驱轿车,轮胎换位的方法是左前轮换到左后轮,左后轮换到右后轮,右前轮换到右后轮,右后轮换到左前轮,如图所示。 (2)轮胎紧固螺栓应以对角线分2~3次紧固到规定转矩。新能源EV200汽车轮胎的螺栓紧固力矩为_____。	
检查制动液储液箱内的制动液量,液面应在制动液储液箱侧面MAX与MIN标记之间。若液面低于MIN标记,需_____。	—

【任务检测】

1.检测内容:按照老师的指导,合理使用安全检测用具,并严格按老师的示范动作正确检测真空助力制动系统,同时防止造成真空助力系统部件损伤及人员伤害。

2.操作时间:60分钟。

3.记录完整的操作步骤:

_____

_____

_____

4.根据检测步骤填空:

(1)将北汽汽车专用诊断仪连接至车辆诊断接口,打开点火开关,进入诊断页面,单击进入系统选择,选择进入_____,读取_____。

(2)显示真空压力信号_____,再次读取故障码,诊断仪仍然显示_____,中控显示系统存在_____。

(3)打开FSA740诊断仪,进入_____界面,取下通道_____。

(4)将FSA740通道1上的诊断探头连接上_____,插入_____信号插头的后端线束。

(5)拔下_____插头,检测该插头端子与_____之间相应端子的通断。

【学习评价】

学习评价表

评价项目	评价标准	学生自评 （优、良、中、差）	小组互评 （点赞数）	老师评估 （是否达成目标）
知识评价	1. 了解制动系统组件的名称、作用 2. 熟悉制动系统的检测方法及注意事项			
能力评价	1. 能通过查询设备手册和互联网等获得制动系统相关资料 2. 能按正确方法连接汽车与分析仪，读取故障码			
素质评价	1. 自主进行"8S"管理 2. 具有团队协作精神 3. 学习态度认真负责			
学习体会				

【知识拓展】

纯电动汽车制动系统维护的安全操作要求及注意事项

一、纯电动汽车制动系统维护的安全操作要求

每种电动汽车的制动系统均有其特点，在结构设计、安装位置等方面存在一定的差别。在车辆检修和系统维护过程中，需要做好以下准备工作。

1. 工量具准备

（1）准备检修工具，如钢尺、放气管等。

（2）准备常用仪表，如千分尺、百分表、磁性表座等。

（3）准备专用工具，如螺丝刀、扳手等。

2. 个人防护

在检修前必须做好以下个人防护：

（1）佩戴好工作手套、工作帽。

（2）穿工作鞋、工作服等。

（3）身上不能佩戴金属物件,如手链、戒指、手表、项链等。

3.车辆防护

在检修前必须使用车轮挡块、车内四件套、车外三件套等做好车辆防护。

二、纯电动汽车制动系统维护的注意事项

1.按规定里程维护制动系统、视情况修理制动系统是汽车维护与检修的最基本要求。制动系统维护主要包括检查制动系统是否损坏;检查制动液液面高度,必要时添加制动液;检查制动蹄摩擦衬片或衬块的厚度;检查调整手动制动装置等。

2.两人一组,一人在车内,一人在车外,共同完成车辆检查项目。操作过程中,两人之间要求配合协调,把"安全"放在第一位,轮流作业。